D1921393

Heinrich Dicke

BETEN

Das Leben zur Sprache bringen

HERDER

FREIBURG · BASEL · WIEN

Quellennachweis

S. 7/8: erzählt nach: Baskische Märchen, Köln 1984, Bearbeitung: Heinrich Dickerhoff
S. 28–31: Erster Teil des frühchristlichen Perlenliedes aus den Thomas-Akten, Text nach O. Betz/T. Schramm, Perlenlied und Thomas-Evangelium, Zürich 1993, und W. Schneemelcher, Neutestamentliche Apokryphen, Bd. 2, Tübingen 1996, sowie H. Daniel-Rops, Die apokryphen Evangelien des Neuen Testamentes, Zürich 1956; Bearbeitung und kleinere Ergänzungen zum besseren Verständnis: Heinrich Dickerhoff
S. 53 ff.: »Litanei von der Gegenwart Gottes«: Huub Oosterhuis, aus dem Holländischen übertragen von Lothar Zenetti © Christophorus Verlag in der Verlag Herder GmbH
S. 57: »Danke für diesen guten Morgen«: Text: Martin Gotthard Schneider © by Gustav Bosse Verlag, Kassel

Originalausgabe

© Verlag Herder GmbH, Freiburg im Breisgau 2011
Alle Rechte vorbehalten
www.herder.de

Umschlagkonzeption und -gestaltung:
Weiß-Freiburg GmbH, Graphik & Buchgestaltung
www.weiss-freiburg.de
Umschlagmotiv: © Corbis/Gerolf Kalt

Layoutkonzept: tiff.any GmbH, Berlin
Satz: tiff.any GmbH, Berlin
Herstellung: fgb · freiburger graphische betriebe
www.fgb.de

Gesetzt aus der Linotype Janson Text Standard
Gedruckt auf umweltfreundlichem, chlorfrei gebleichtem Papier
Printed in Germany

ISBN 978-3-451-06063-2

Inhalt

Da hilft nur noch beten?

Einmal wanderte unser Herr Jesus mit seinem Freund und Gefährten, dem heiligen Petrus, durch Eskual Herri, das Land der Basken. Sie mieden die Städte und Dörfer und haben auch nicht mehr gepredigt, denn längst gab es überall Kirchen und Pfarrer, die sonntags auf die Kanzel stiegen und Gottes Wort verkündeten, in Latein, in Baskisch und auch in Französisch, was nicht so nötig wäre.

Also wanderten der Herr Jesus und sein Jünger durch die Hügel im Hinterland. Dort waren die Wege schlecht und holprig, zerfurcht von Wagenspuren und übersät mit Schlaglöchern. Und als sie um eine Biegung kamen, sahen sie, dass es einen Unfall gegeben hatte: Ein Karren war in ein Schlagloch geraten und umgestürzt, das Rad, das in die Luft ragte, drehte sich noch, der Esel, der noch angeschirrt war, lag vor dem Wagen auf der Erde, und der Fuhrmann kauerte neben dem Karren – nein, er kauerte nicht, er kniete.

»Herrgottnochmal, so etwas musste ja passieren«, wetterte der heilige Petrus, »diese verdammte Straße ist auch wirklich in einem gottserbärmlichen Zustand!«

»H-m, zähme deine Zunge ein wenig, ich bitte dich«, meinte der Herr nur.

Mittlerweile waren sie bei dem Verunglückten angekommen. Der kniete noch immer da: kerzengerade, die Augen andächtig geschlossen, die Hände schön ordentlich vor der Brust gefaltet, ganz so, wie man's in der Christenlehre lernt. Und Petrus, der seit dem Pfingstwunder natürlich auch baskisch verstand, hörte ihn demütig beten: »Gott, du bist gütig, du bist allmächtig, dich flehe ich an. Stehe du mir bei und stelle meinen Karren wieder auf die Räder!«

Petrus blieb stehen und nickte wohlwollend, aber der Herr Jesus ging einfach weiter; er hatte nur dem kleinen Esel einen raschen Blick zugeworfen – die Esel waren ihm seit dem Palmsonntag besonders lieb – und gesehen, dass der unverletzt und ganz bequem da lag.

Petrus wunderte sich über diese göttliche Gleichgültigkeit. Er lief dem Meister nach: »Herr«, fragte er, »willst du nicht eingreifen?«

Jesus lächelte: »Das siehst du doch! Komm weiter.«

»Nun ja«, dachte Petrus bei sich, »vielleicht ist heute Gott-Vater für Wunder zuständig oder der Heilige Geist. Und in Familienangelegenheiten mischt man sich besser nicht ein.«

So gingen sie weiter – und als sie um die nächste Biegung kamen, sahen sie den nächsten Unfall: Noch ein Wagen lag umgestürzt auf der holprigen Straße! Dessen Fuhrmann aber benahm sich nicht so schicklich wie der erste. Er zeterte und zerrte, drohte und drückte, schimpfte und schob und versuchte alles, um den Wagen wieder auf die Räder zu stellen – und sein Esel graste ausgespannt und sehr zufrieden am Wegesrand.

Wieder lächelte der Herr Jesus, und Petrus, der das aus den Augenwinkeln sah, setzte auch rasch ein Lächeln auf. Aber das Lächeln verging ihm wieder, als er verstand, was der Fuhrmann da schrie: Er fluchte. Er fluchte abscheuliche baskische Flüche. »Debruya michaia!«, schrie er den Karren an, »du Teufelssohn!« Und: »Debruya sikina!« – »Teufelsschwein«, und noch ganz anderes, was man besser nicht übersetzt.

»Komm, Petrus«, sagte Jesus, »pack mit an, wir wollen dem guten Mann helfen.«

Petrus blieb der Mund offen stehen. »Ja-a Herr«, sagte er, als er einmal geschluckt hatte, »aber wieso helfen wir dem hier, der wie ein Heide flucht, und sind an dem, der so fein betet, einfach vorbeigegangen?!«

Jesus schaute ihm in die Augen. »Ich will dir etwas verraten, mein Freund«, sagte er. »Der gute Mann hier tut alles, was er kann, so wie er es eben kann. Doch der andere, der nur die Hände faltet – nun, der ist ein Faulpelz!«

Da hilft nur noch beten – sagen Menschen manchmal, wenn die Situation verfahren ist, der Karren im Dreck steckt, wenn sie nicht mehr wissen, was man tun soll. Da hilft nur noch beten – der Satz ist sicher nicht grundfalsch, aber er ist missverständlich. Denn nie darf unser Beten als Alternative gelten zum Tun des uns Möglichen oder als Alibi für unsere Faulheit. Hilf dir selbst, dann hilft dir Gott, sagt dieses Märchen, das durchaus den Geist der Aufklärung atmet. Und schon Augustinus, der große Kirchenlehrer aus der Spätantike, der gewiss nicht im Verdacht fehlender Frömmigkeit steht, sagte, wir sollten handeln *etsi Deus non daretur*, als ob es Gott nicht gäbe, als ob es allein auf uns ankomme. Wer, wo unser Anpacken gefordert ist, nur die Hände faltet, der ist nicht besser als der, der sie in den Schoß legt oder über dem Kopf zusammenschlägt.

Dennoch gibt es an den Grenzen unserer Möglichkeiten Situationen, in denen nur noch beten hilft, in denen wir zumindest nichts mehr tun können – außer beten. Da muss sich eine Kollegin gerade heute, wo ich dies schreibe, einer Krebsoperation unterziehen. Sicher werden die Ärzte alles ihnen Mögliche tun, mir aber bleibt nur, für sie zu beten und eine Kerze anzuzünden. Ob es hilft? Zumindest hilft es mir, meine Verbundenheit mit ihr auszudrücken. Und unser aller Verbundenheit mit dem guten Grund des Lebens, den wir Gott nennen.

Also zugegeben: Manchmal hilft nur noch beten. Aber das ist nicht der Regelfall, ja nicht einmal der wirkliche Ernstfall des Betens. Wer nur dann betet, wenn nur noch beten hilft, der macht Gott zum Lückenbüßer, zum Ersatzfallschirm für ausgefallene Lebensnotlagen, und er nimmt ihn weder wahr noch ernst als den, der immer da ist, als Halt und Herausforderung. Denn – das ist meine Überzeugung und Erfahrung und davon handelt dieses kleine Buch – beten ist nicht (nur) das letzte Mittel in der Krise, wenn wir nicht mehr weiterwissen, beten hilft bei dem ganz alltäglichen, dem täglich neuen

Bemühen, das Leben zu bestehen. Nicht nur beten hilft dabei. Aber auch beten.

Um dieses Beten, das leben hilft (und nicht ersetzt), geht es mir. Ich bin ein eher weltlicher Mensch, weder Mönch noch Priester, weder beauftragter Seelsorger noch Exerzitienmeister, ich halte mich nicht für einen großen spirituellen Lehrer und mir wurden keine besonderen Erleuchtungen zuteil. Aber ich habe in den letzten dreißig Jahren erfahren, erst probiert und dann studiert, erst experimentiert und dann reflektiert, warum und wozu beten hilft. Leider muss ich zugeben, dass ich durch das Beten wohl nicht besser geworden bin. Aber wahrscheinlich vielleicht ein wenig aufmerksamer. Und ganz sicher glücklicher.

Überwiegend habe ich mit Menschen zu tun, die nicht besonders kirchennah sind. Und nicht oft, vielleicht zwei oder drei Mal im Jahr, fragt mich einer von denen: »Was müsste ich, was könnte ich tun, um zu glauben? Um Christ zu werden?« Nun ist Glauben Gnade, also Geschenk, und nicht zu machen, nicht anzutrainieren oder auf Rezept zu haben. Aber wenn diese Einschränkung klar ist, dann empfehle ich denen, die mich fragen, morgens und abends ein Gebet zu sprechen. Und wenn sie das wünschen, gebe ich ihnen ein paar Gebete mit. Es kommt dabei nicht auf die Länge des Betens an. Wohl aber auf die Regelmäßigkeit. Um den Wert des Betens zu entdecken, muss ich es schon ein Jahr lang durchhalten – ohne Rücksicht auf meine Lust und Laune, ohne vorschnell zu beurteilen, was es mir bringt, ohne mein Beten davon abhängig zu machen, ob es jetzt »für mich dran ist«. Es mag für den Anfang ein kurzes Mantra reichen: *Ich bin freigesprochen! Ich bin Licht vom Licht! Ich höre!* – allerdings verlangen kurze Gebete besonders tiefe Konzentration. Oder vielleicht ist es jeden Abend der nicht ganz kurze Psalm 139, der mich aus hellen wie dunklen Tagen entlässt und in dessen Rhythmus ich einstimmen kann, auch wenn meine Gedanken sich nicht so sammeln können.

Es ist weniger wichtig, was ich sage, als dass ich mich bewusst vor Gott stelle und mich erinnere, wer ich bin. Wer ich bin jenseits meiner Selbstzweifel und Selbstbehauptung, jenseits meiner gesellschaftlichen, beruflichen und familiären Rollen, sondern in seinen Augen. Christ heißt »Gesalbter«. Gesalbt wurden in biblischer Zeit die Könige. Christsein heißt wissen, dass ich eine unsichtbare Krone trage, weil ich, wie jeder Mensch, ein Königskind bin. Mit jedem Gebet erinnere ich mich an die unsichtbare Krone, die ich trage und spüren muss, um die Kronen der anderen zu entdecken. Beten hilft, mich meiner Würde und Kostbarkeit zu erinnern und meiner Berufung und Begabung zur Geschwisterlichkeit mit den anderen Königskindern des Himmels. Es hilft nicht nur beten, mich daran zu erinnern, aber vielleicht hilft es mehr als alles andere – alles andere außer der Erfahrung der Liebe.

So, nun wissen Sie ungefähr, worum es in diesem Buch geht: um eine »aufgeklärte«, vernünftige und eher weltliche Begründung des Betens als Erinnerung meiner wahren Bestimmung, um eine Selbstvergewisserung in den überlieferten Erfahrungen des christlichen Glaubens und um ganz praktische Vorschläge, wie ich vielleicht eine mir gemäße Form des Betens finden kann, sowie Gebete, die mich ansprechen und meine Fragen und Hoffnungen aussprechen.

1 Gute Gründe – und schlechte – für das Beten

Vom Beten und Küssen

Das Küssen ist die Bewährungsprobe der Liebe. Dass Liebende einander küssen, ist nicht das Wichtigste, aber wenn sie sich nicht mehr küssen, ist die Liebe sicherlich verloren. Und was das Küssen in der Liebe ist, ist das Beten im Glauben. Es ist nicht das Wichtigste, aber wer nicht mehr betet (in welcher Form auch immer), der hat vermutlich den inneren Bezug zu seinem Glauben verloren.

Das Küssen ist eine gute Vergleichserfahrung für das Beten. Für das Glauben insgesamt. Ja, für das gesamte Leben. Es gibt zwei gute Gründe fürs Küssen und zwei unangemessene, ja schädliche Kuss-Erfahrungen. Und warum wir beten – und wie und wozu wir glauben und leben –, dafür gilt das Gleiche.

Nicht jede Lebenseinstellung ist gut und tut gut. Auch nicht jede Form der Religion ist und tut gut. Religion ist vielmehr eine höchst gefährliche Erfahrung des Menschen. Gefährlich, nicht schlecht – wie die erotische Liebe. Religion wie Liebe gehen an die Seele, und das macht sie so wichtig und riskant. Die meisten Morde und Selbstmorde in Deutschland sind Folge gescheiterter Liebesbeziehungen, die grausamsten Konflikte weltweit sind, nicht nur heute, die, in denen es nach Meinung der Streitenden um Religion geht.

Die Bibel enthält viel Religionskritik. Das Alte Testament ist voll von Auseinandersetzungen mit »falschen Göttern«,

»Wenn der Gott den Gebeten der Menschen entsprechen würde, dann wären schon längst alle Menschen zugrunde gegangen, weil sie unablässig viel Schlimmes gegeneinander erbitten.« (Epikur)

und das Neue Testament zeigt, dass dies nicht nur eine Frage der dogmatischen Inhalte ist, sondern ebenso und oft mehr noch eine der falschen Haltungen und des daraus erwachsenden falschen Verhaltens: Jesus wird schließlich von den legitimen religiösen Autoritäten im Namen des einen und wahren Gottes als Lästerer zum Tode verurteilt. Nein, eine religionskritische Anfrage, nicht nur an die »Andersgläubigen«, sondern auch an sich selbst, gehört mit in den biblischen Glauben. Weil wir Menschen sind, darum ist unser Glaube immer wieder in Gefahr, zum Aberglauben zu werden – meist unmerklich.

Und wie die Religion die (selbst-)kritische Prüfung braucht, so auch das Beten als ihre vielleicht persönlichste Ausdrucksform. Damit kommen wir zurück zum Küssen als Vergleichserfahrung: zwei gute, zwei schlechte Gründe zum Küssen, Beten, Glauben, Leben.

Der erste gute Grund fürs Beten: Liebe!

Der erste und beste Grund fürs Küssen ist natürlich Liebe, vom leidenschaftlichen Begehren zwischen einem liebenden Paar bis zur herzlichen Zuneigung zwischen Eltern oder Großeltern und dem kleinen Kind. Und auch der beste Grund fürs Beten ist Liebe, dankbare Hinwendung zu dem, der allem Leben Grund gibt und allem Lieben Sinn. Ein Segen, dass es dich gibt, sagt jeder Kuss dem geliebten Menschen. Ein Segen, dass es dich gibt, sagt jedes echte Gebet zu Gott – Loben nennt das die Bibel (siehe unten). Und der ganze christliche Glauben ist nichts anderes als das Staunen über die unendliche Liebeserklärung des Himmels an die Erdenkinder.

Eigentlich muss man mehr zu diesem ersten besten Grund nicht sagen, aber ich möchte doch noch eine Lehre aus dem liebevollen Küssen für das Beten ziehen.

Woher kommt das Küssen? Warum küssen sich Menschen? Vermutlich stammt es von der Mund-zu-Mund-Fütterung, die man beispielsweise noch bei Schimpansen beobachten kann, aber auch bei Menschen unter sehr harten Lebensbedingungen. Mir selbst hat noch eine alte Russlanddeutsche erzählt, wie sie im stalinistischen Arbeitslager in Kasachstan harte Brotrinde, die einzig verfügbare Nahrung, für ihr zweijähriges Kind vorgekaut und es dann von Mund zu Mund gefüttert habe. Aber das ist eine Ausnahme, denn über die Jahrtausende hin wurde bei uns Menschen aus dieser urtümlichen Form der Nahrungsweitergabe eine ganz zweckfreie Ausdrucksform der Zuneigung.

So ist das Küssen ein sehr archaischer, rational heute kaum noch begründbarer und relativ unhygienischer Brauch. Und doch ist es wohl unvorstellbar, dass zwei Liebende, auch wenn sie um die Herkunft des Küssens wissen, einander sagen: »Fühle dich geküsst – und gut!« Kein Vortrag über das Küssen ersetzt einen Kuss, denn der Kuss ist nicht nur eine alte und letztlich austauschbare Ausdrucksmöglichkeit für Liebe, sondern im Küssen wächst und erneuert sich die Liebe, so wie sie ohne Kuss verdorren kann.

Liebende Paare, die sich nicht mehr küssen, aber wirklich noch lieben, sind selten, ich habe noch keines getroffen. Ich kenne jedoch etliche Glaubende, die zwar noch übers Beten diskutieren und auch im Prinzip dafür sind, aber selbst nicht mehr beten. Das Beten mag eine sehr archaische und philosophisch nicht unproblematische Ausdrucksform menschlicher Sehnsucht nach und Erfahrung von Transzendenz sein, aber

»Beten ist nicht bitten. Es ist ein Sehnen der Seele.« (Mahatma Gandhi)

ohne Beten, ohne persönliche Hinwendung zu dem unendlichen Liebenden verdorrt, fürchte ich, Glaube oft genug zur Weltanschauung ohne Liebe und Feuer.

Der zweite gute Grund fürs Beten: Gute Gewohnheit

Kommen wir nun zur zweiten »guten« Begründung für das Küssen. Wenn nach vielen Jahren einer Ehe einer nach einem langen Arbeitstag nach Hause kommt und von seiner Liebe, die einen ebenso anstrengenden Tag hinter sich hat, mit einem Kuss begrüßt wird, so ist das wohl kaum ein Ausbruch liebevoller Leidenschaft, sondern vertraute Gewohnheit. Und das ist ganz in Ordnung. Gewohnheit ist ganz in Ordnung, wenn es eine gute Gewohnheit ist – und ein Kuss ist das im Unterschied zum bösen Blick, zum kalten Tadel – und wenn es nicht nur Gewohnheit ist. Wer noch weiß, wie man leidenschaftlich küsst, der darf im Wissen um und Vertrauen auf die noch immer lebendige Liebe auch »gewöhnliche« Küsse tauschen.

Wieder, denke ich, ist es mit dem Beten ganz ähnlich. Alle alten Religionen und alle großen Lehrer geistlichen Lebens haben den Wert des Regelmäßigen, des Gewohnt-Gewöhnlichen betont. Nicht bei jedem Beten, jedem Gottesdienst, jedem Kirchgang kann mein Herz brennen und meine Seele fliegen, und das ist auch nicht schlimm; Beten darf auch ruhiges vertrautes Wiederholen sein, Erinnerung verlässlicher Bindung, wenn die Betenden nur nicht vergessen haben und es manchmal noch erahnen oder gar erfahren, dass Gott Feuer ist.

»Das beste Gebet ist jenes, das uns so sehr mit Gott beschäftigt hält, dass wir nicht mehr an das denken, was wir tun. Kurz, Sie müssen ganz einfach, schlicht und ungekünstelt Ihren Weg gehen, um bei Gott zu sein, um ihn zu lieben. Die wahre Liebe hat kaum eine Methode.« (Franz von Sales)

Auf die Bedeutung der Gewohnheit, des »rituellen Gebets«, möchte ich später noch einmal eingehen – für mich gehört es grundsätzlich zu den »richtigen« Formen des Betens.

Ein schlechter Grund zum Beten: Zwang

Die wohl unstrittig falsche, ja eklige Form des Küssens ist der erzwungene Kuss, die Vergewaltigung. Und ebenso falsch ist jede Form der Vergewaltigung, des Zwangs, in der Religion und beim Beten. Wer immer zu etwas gezwungen wird, wird sich, sobald er kann, dagegen wehren und sich davon freimachen.

Es ist allerdings keineswegs alles gezwungen, was ohne Lust geschieht. Es gibt die nicht immer lustvolle Gewohnheit: Als Kind ging ich mit meiner Familie wie selbstverständlich am Sonntag zur Kirche, niemand fragte, ob ich gern wollte oder ob mir danach war, aber es war kein Zwang. Ich hatte nicht immer Lust, aber auch keinen Widerwillen – der Kirchgang war so selbstverständlich wie das Mittagessen. Und außer fragloser Gewohnheit gibt es auch die Pflicht, deren Erfüllung Konsequenz einer grundsätzlichen Entscheidung ist. Wenn ich als Mutter oder Vater verantwortlich bin für ein kleines Kind, dann ist es unerheblich, ob ich in der Nacht Lust habe, nach meinem weinenden Kind zu sehen. So traurig ein Leben ohne Lust ist, so unerwachsen ist eines, in dem es nur nach Lust geht. Ohne Verantwortung und Selbstdisziplin wird niemand erwachsen. Aber das ist etwas ganz anderes als Außendruck, Drohung und Zwang.

Noch ein schlechter Grund zum Beten: »Handel«

Nun gibt es aber noch eine weitere falsche Begründung für das Küssen, Beten, Glauben und Leben. Sie ist allerdings nicht so geächtet wie der Zwang und auch nicht so leicht als Irrweg zu entlarven. Vielleicht – und weil sie deckungsgleich ist mit vielen Grundmaximen unserer Gesellschaft – ist sie deshalb noch gefährlicher als der dumpfe Zwang.

Um die Haltung beim Küssen zu beschreiben, muss ich eine Geschichte aus meiner Kindheit erzählen: Ich muss etwa zehn Jahre alt gewesen sein, es war die erste Saison der Fußball-Bundesliga und zum ersten Mal gab es »Fußballbilder«, Sammelbilder der Bundesligaspieler in kleinen Tüten. 20 Pfennige kostete eine Tüte, aber Taschengeld war damals noch unüblich, ich bekam jedenfalls noch keines. Also musste ich mich nach anderen Geldquellen umsehen. Nun besuchten uns in dieser Zeit recht häufig einige »alte Tanten« – so nannte ich sie, auch wenn sie nicht wirklich meine Tanten waren und vermutlich nicht älter als ich jetzt. Und diese »alten Tanten« machten sich, ohne dass ich das merkte, einen Scherz mit mir. »Heinrich«, so sagten sie (in meiner Erinnerung sehr oft), »gib mir einen Kuss.« Nun war das ungefähr das Letzte, was ich wollte. Aber dann kam das Angebot: »Gib mir einen Kuss, dann gebe ich dir 20 Pfennig.« Und weil mein Verlangen nach Fußballbildern noch stärker war als mein Ekel vor Tantenküssen, darum habe ich mir manche Tüte Fußballbilder »erküsst«. Die zahlenden Tanten wurden mir freilich mit jedem Kuss mehr zuwider. Die Tanten haben mich nicht bedroht und gezwungen, sondern bestochen und gekauft – und ich ließ mich kaufen. Prostitution! Nichts anders!

Leider ist diese unerfreuliche Art der Beziehung, die gekaufte und natürlich nicht echte Zuneigung, auch im Bereich der Religionen weit verbreitet. Die Religionswissenschaftler kennzeichnen diese Art von Religion mit einem lateinischen Satz: *Do ut des*, ich gebe, damit du (etwas zurück-)gibst. Das

»Ja, Gebete versetzen Berge; aber man muss glauben und nicht so beten, wie wir als Kinder gebetet haben, dass der Schnee zu Zucker werde.« (Leo N. Tolstoi)

»Man muss beten, als ob alles Arbeiten nichts nützt und arbeiten, als ob alles Beten nichts nützt.« (Martin Luther)

ist Inbegriff »heidnischer« Religiosität, auch wenn sie unter Christen ebenso verbreitet war. Aber wenn das Christentum die Liebe zum Schlüssel für das Verstehen des Lebens und der Kostenbeziehung macht, dann ist jede Form des Handels mit dem Himmel Aberglaube, ja Prostitution.

Nun sind die Grenzen in der religiösen Praxis allerdings viel fließender als in der theologischen Theorie. Auch dazu ein Beispiel aus meiner Lebensgeschichte. Als ich 1972 mein Abitur machte, ging die Mutter eines Klassenkameraden vor dessen mündlicher Prüfung in die Kirche und steckte vor der Madonna eine schöne große Bienenwachskerze an. Das, finde ich, ist nicht abergläubisch, sondern Ausdruck der Verbundenheit mit einem mir lieben Menschen und die Bitte, er möge die Herausforderung, die ihm gestellt wird, bestehen. »Light a prayer« las ich vor 20 Jahren am Kerzenleuchter in einer englischen Kathedrale, »entzünde ein Gebet«, und ich finde es hilfreich, mein Gebet und meine Gedanken zu konzentrieren und anschaulich zu machen mit einer Geste, einem Zeichen. Hilfreich wohlgemerkt für mich, ich glaube keineswegs, dass der Himmel eine Kerze eher registriert und »belohnt«. Gott braucht unsere Kerzen nicht, aber mir helfen sie.

So weit, so gut. Aber mein Klassenkamerad bestand die Prüfung nicht, worauf seine Mutter in die Kirche ging und sich die Kerze zurückholte. Für nicht geleistete Hilfe bekam die Madonna auch keine Kerze!

Dass dies Aberglauben ist, Geschäftemacherei, ist – so hoffe ich – klar. Im christlichen Gebet und Gottesdienst geht es nicht um Handel, um erkaufte Gunst und Vergünstigungen. Und der Gott, den man »küssen« muss, für den man etwas tut, um von ihm 20 Pfennig, Gnadenpunkte oder sonstige Abgaben zu bekommen, wird den »Verehrern« von Mal zu Mal weniger lieb. Jesus verhindert bei der Tempelreinigung den Opferkult, weil dadurch aus dem Haus des liebenden Vaters eine Räuberhöhle gemacht wird. Das ist kein Protest gegen Andenkenhändler, die den Tempel mit unwürdigen Geschäften entweihen, sondern gegen eine Form von Religion, in der Gott zum »Räuber« wird, der von den aufgegebenen Lebenschancen der Menschen lebt und durch Schutzgeldzahlungen für Gunsterweise gewonnen werden muss.

So ist das Küssen für mich – am Anfang des Nachdenkens über unser Beten – eine erste und ganz einfache Gegenprobe. Wenn du aus und in Liebe betest, so ist das sicher das Beste. Wenn du betest aus guter Gewohnheit, so ist das ganz in Ordnung, wenn dein Beten nicht immer nur Gewohnheit ist. Wenn du betest unter Zwang oder andere mit Zwang zum Beten bringen willst, lass es! Wenn du betest, um ein Geschäft mit dem Himmel zu machen, um dir Vergünstigungen zu erkaufen, vergiss es! Du machst dich und dein Bild von Gott so klein und schäbig.

Was soll und kann das Gebet?
Eine »aufgeklärte Nachfrage«

Nach der »Kuss-Probe« will ich im zweiten Schritt das Nachdenken über unser Beten ein wenig rationaler angehen. Es geht mir um eine »aufgeklärte« Theologie des Betens. Und ich meine, dass wir ohne aufgeklärte und vernünftige Begründung den Glauben heute kaum weitergeben können. Vernunft ist nicht alles, und viele, vielleicht die wichtigsten Erfahrungen im Leben – Liebe, Trauer, Schönheit, Glück – sind nicht allein rational fassbar und vermittelbar: Was meine Kinder mir bedeuten, kann ich niemandem erklären, der keine Kinder mag. Und doch müssen wir auch denen, die den christlichen Glauben nicht schon als Voraussetzung in ein Gespräch mitbringen, erklären können, was wir Christen hoffen, feiern und tun. Das macht unsere Gesprächspartner noch nicht zu Glaubenden, aber es ist dennoch eine Bringschuld, die uns Christen aufgetragen ist, seit die frühe Kirche den Rahmen des Judentums sprengte und sich auch an die wandte, die sich nicht mit dem Gott Israels verbunden wussten. Die Kirche leistete in den ersten Jahrhunderten diese Übertragung aus der jüdischen in die griechisch-römische Kultur, später auch die aus der antiken Welt in das nach-antike, sich dadurch bildende mittelalterliche Abendland. Aber für die Übertragung in die »moderne« aufgeklärte Welt ist sicher noch einiges zu tun.

»Der, die, das, wieso, weshalb, warum – wer nicht fragt, bleibt dumm« – das kleine Eingangslied der berühmten Kindersendung »Sesamstraße« bringt ganz einfach zum Ausdruck, was »Aufklärung« meint. Gib dich nicht zufrieden mit einem »Das war schon immer so«, »So ist das eben«, »Das tut man nicht«! Benutze deinen Verstand, wage zu denken, nimm nichts als selbstverständlich hin, frag nach dem Woher und Wozu. Nichts fällt einfach vom Himmel.

Die »erste Aufklärung« des 18. Jahrhunderts lehrte, historisch-kritisch nach der Entstehung und Herkunft einer Überlieferung zu fragen, die »zweite Aufklärung« des 20. Jahrhunderts fragte noch weiter, fragte ideologiekritisch »nach oben« oder psychoanalytisch »nach innen« nach den »leitenden Interessen« hinter den noch immer wirksamen Überlieferungen. Eine »moderne«, sich diesen »aufgeklärten« Nachfragen aussetzende Religiosität, Spiritualität und Theologie wird darum die Interessen und Positionen der Glaubenden mit bedenken, denn niemand beurteilt die Wirklichkeit »objektiv«, also wie

Karl Rahner *(1904 bis 1984) war Jesuit und einer der einflussreichsten Theologen des 20. Jahrhunderts. Seine Theologie, in der es ihm vor allem um die Öffnung der Kirche für die Gesellschaften der Moderne ging, prägte unter anderen den Geist des Zweiten Vatikanischen Konzils (1962 bis 1965), an dessen Vorbereitung und Durchführung er maßgeblich beteiligt war. Was unter »anthropologischer Wende« zu verstehen ist, lässt sich vielleicht an einem Zitat Rahners verdeutlichen: »Der Mensch kann sagen, dass ihn nur Antworten interessieren, für die er eine Frage hat; und darum kann ihm Gott auch nur mitteilen, wofür er sich aus seiner inneren Existenzmitte interessiert.«*

von außen. Immer sitzen wir im Karussell des Lebens, das wir zu verstehen suchen, drehen uns mit, sind Teil der Welt, die wir betrachten, und bringen uns selbst mit in alles, was wir denken. Jede Aussage, die ein Mensch über das unendliche Geheimnis Gottes macht, ist auch und zuerst eine (allerdings fast immer unbedachte) Aussage über sich selbst.

Dass wir nicht wirklich über »Gott an sich« reden können, sondern immer über »Gott für uns« sprechen und damit auch über uns, das nannte der große Theologe Karl Rahner die »anthropologische Wende«. Ich nenne es für mich die »Theologie des Sonnenaufgangs«.

Die »Theologie des Sonnenaufgangs«

Ich freue mich über jeden Sonnenaufgang, den ich bewusst erleben durfte: am Meer, im Gebirge, über nebelverhangenen Herbstwiesen. In mir bringt das neue Licht etwas zum Klingen, was ich rational nicht fassen kann, und ich kann nur zu gut nachfühlen, dass der Sonnenaufgang den ersten Christen ein wichtiges Gleichnis war für die an sich unvergleichliche Ostererfahrung: Das Licht ist stärker als alle Kälte und Dunkelheit. Aber ich weiß doch auch, dass eigentlich nicht die Sonne aufgeht. Eigentlich dreht sich die Erde so, verändert sich mein Standpunkt so, dass mir die Sonne aufgeht.

Damit ist ja nun keineswegs behauptet, die Sonne wäre meine »Erfindung« oder ich hätte sie mir nur eingebildet. Die Existenz der Sonne »an sich« ist nicht davon berührt, ob ich sie sehe. Aber für mich wird sie erst wirklich und erlebbar, wo sie mir aufgeht. Allerdings ist schon meine Sehnsucht nach Sonne, nach Licht ein verborgener Hinweis für die Sonne, auch wenn sie meinen Augen noch nicht sichtbar geworden ist. Allein die Existenz meiner Augen ist schon Hinweis auf die Wirksamkeit der Sonne. Denn Augen haben sich bei Lebewesen nur entwickelt als Antwort auf das Licht. Lebewesen, die wie die Tiefseefische nie das Sonnenlicht erblicken, haben keine Augen ausgebildet, der nur in Höhlen lebende Grottenolm ist wieder erblindet. Dass wir sehen können, also den Lichtwellen etwas entnehmen können, ist schon Hinweis auf eine Lichtquelle, auf die Sonne.

Mit den Gottesaufgängen ist es, so scheint mir, ähnlich. Gott »an sich« bleibt ein unfassbares Geheimnis, größer als meine Begriffe und mein Begreifen. Aber mitunter geht mir etwas von Gott auf. Manchmal aus unmittelbar eigener Erfahrung, manchmal, weil andere mich zu Zeiten wecken und zu Plätzen führen, wo ich den Sonnenaufgang sehen kann. Und meine »inneren Augen«, meine »Seele« ist mir auch Hinweis auf eine Lichtquelle, die mich empfänglich macht für »inneres Licht«, ja die mich mit Sehnsucht nach Licht und Sinn und Glück und Liebe erfüllt.

Objektive Aussagen über Gott sind nicht möglich, denn Gott ist kein Objekt des Menschen, kein Gegenstand unserer Untersuchungen, sondern »größer als unser Herz«. Aber die Menschen verbindenden Aussagen über Gott und Hinwendungen

»Im Geiste das Unendliche unten mit dem Unendlichen oben in Berührung zu bringen, heißt beten.« (Victor Hugo)

zu Gott sind auch nicht einfach nur subjektiv und beliebig. Ich nenne sie intersubjektiv: zugleich ganz persönlich und uns Menschen gerade darum verbindend. Ich möchte das an Alltagserfahrungen verdeutlichen: Ich sehe meine Kinder anders als fast alle anderen Menschen, meine Dankbarkeit, mein Glück, mein Stolz, meine Sorge sind zunächst ganz subjektiv. Aber wenn ich sage, dass ich nicht objektiv beschreiben kann, was meine Kinder mir bedeuten, so verstehen mich alle, die ihre Kinder lieben.

Und ähnlich ist es, wenn ich erzähle von den Erfahrungen am Sterbebett der Eltern, von einer Atem raubenden Liebe, von der Begegnung mit einem Menschen, den ich nie zuvor gesehen habe und der mir doch auf den ersten Blick so vertraut ist, als wären wir schon lange Weggefährten.

So sind es gerade die ganz persönlichen und uns unter die Haut und an die Seele gehenden Erfahrungen, die uns verbinden, die sich auch immer wieder zu Mythen, Legenden, Sagen und Märchen verdichtet haben, zu Liedern, Gedichten und Gebeten. Und für einen Christen ist es unverzichtbar, die ihm einsichtig gewordenen »Gottesaufgänge« mit denen anderer Christen zu verbinden, also mit der Glaubensgemeinschaft der Kirche und mit der Glaubensüberlieferung, das heißt mit den Erfahrungen unserer Vorfahren im Glauben, vor allem jenen, die uns als für Christen maßgeblich ins Stammbuch, in die Bibel, geschrieben wurden.

Von der Wirkung des Gebets

Aus »aufgeklärter« Sicht ist Religion also nicht eine unabänderlich vom Himmel gefallene Gottesoffenbarung, sondern ein in den »Gottesaufgängen« der Menschen (für Christen: des Volkes Israel und der Jesusbewegung) wachsendes Verstehen des Geheimnisses Gottes. Das hat dann Konsequenzen für eine »aufgeklärte« Sicht des Betens. Die entscheidende Frage

»Das Gebet ist eine Form der Meditation. Es ist ein Akt der Reflexion. Wenn Sie eine Frage stellen, richten Sie sie an einen tiefen Teil Ihrer selbst.« (Deng Ming-Dao)

ist dann nicht mehr: »Was bewirkt mein Gebet bei Gott?« (ohne dass eine solche Wirkung bestritten wird), die entscheidende Frage ist: »Was bewirkt das Gebet bei mir?«

Das ist nicht nur eine moderne, ja vielleicht modische Sicht, sondern auch die spirituell immer (auch voraufgeklärt) wichtigere. *Als Christ soll ich nicht darum beten, dass Gott so wird, wie ich will, ich soll beten, dass ich so werde, wie Gott mich will.* Auch dieser Satz müsste noch einmal aufgeklärt werden, denn woher weiß ich, wie Gott mich will? Wie vermeide ich Fremdbestimmung, wie Selbstgefälligkeit? Aber den Prüfstein, der mir das Evangelium zur Aufklärung meiner Gebetsabsichten ist, möchte ich später mit dem Vaterunser bedenken.

Zunächst also denken wir noch einmal der Frage nach, was das Gebet bei den betenden Menschen bewirkt. Ich weiß nicht mehr, wo ich gelesen habe, dass neuere Untersuchungen in den USA ergeben haben sollen, dass Menschen, die eine positive Gottesbeziehung betend verinnerlichen, eine um sechs Jahre höhere Lebenserwartung haben als nichtbetende Zeitgenossen. Wenn das stimmt, so hat dies sicher mehrere Ursachen: Es wird Ausdruck einer tieferen Lebensverwurzelung sein, aber religiös geprägte Menschen aus dem häufig bürgerlichen Milieu haben meist auch einen weniger lebensgefährlichen Umgang mit Drogen, Alkohol und Exzessen. (Konventionell gläubige Menschen sollten, so wurde da berichtet, eine leicht geringere Lebenserwartung als Atheisten, Menschen mit einem angstbesetzten Glauben eine deutlich geringere Lebenserwartung haben.) Nun ist gegenüber angeblich »wissenschaftlichen Studien aus den USA« sicher eine gewisse Skepsis geboten.

»Die Größe des Gebets beruht vor allem darauf, dass ihm nicht geantwortet wird und dass dieser Austausch nichts mit einem schäbigen Handel zu tun hat.« (Antoine de Saint-Exupéry)

Aber auch, wenn die Ergebnisse zutreffend sein sollten, wäre eine »therapeutische« Begründung für das Beten – »Beten verlängert die Lebenserwartung«, »Beten macht zufriedener« – nicht ausreichend für eine reflektierte christliche Begründung des Gebetes. Das sollen auch besagte Untersuchungen schon ergeben haben, denn laut diesen wirke sich das Beten nur dann gesundheitsförderlich aus, wenn es nicht aus diesem, sondern einem religiösen Grund geschehe.

Wie aber kann ich mein Beten religiös oder besser noch christlich und zugleich »aufgeklärt« begründen, zunächst vor mir, dann aber auch vielleicht gegenüber anderen?

Himmlische Mächte in meinem Sinn beeinflussen zu wollen, also Gott für die Durchsetzung meiner Lebensinteressen einzuspannen, ist in jeder Hinsicht problematisch und ein Verstoß gegen das (nach üblicher Zählung) zweite Gebot: »Du sollst den Namen Gottes nicht verunehren/missbrauchen.« Gegen dieses Gebot handelt, wer mit dem Namen Gottes eigene Interessen durchsetzen will.

Beten, um »Pluspunkte« im Himmel zu sammeln, ist ähnlich unverantwortlich. Ich mache damit Gott kleiner als jeden liebenden Vater, jede liebende Mutter. Ich wäre jedenfalls entsetzt, wenn meine Kinder mich je gefragt hätten, was sie tun müssten, damit ich sie liebe. Und mich selbst mache ich bei dieser Art Gebet auch klein, unerwachsen, zur Krämerseele. Als Christ weiß ich aber: Ich stehe vor Gott mit leeren Händen, immer arm, ein Kamel vor einem Nadelöhr, sobald ich an meine Verdienste denke, nicht würdig, unter einem Dach mit ihm zu leben, aber in der Hoffnung und Zuversicht, dass sein Ja-Wort meine Seele gesund und heil machen kann.

Ich bete auch nicht zuerst »um Gottes Willen«, auch wenn diese Begründung im Unterschied zu den beiden vorher genannten ihre Wahrheit hat. Denn wenn Gott Liebe ist, oder »anthropologisch« gewendet: Wenn wir von Gott nie mehr verstehen können als da, wo wir lieben, dann ist er nicht einfach selbstgenügsam, sondern »wartet« auf eine Antwort auf sein Ja-Wort. Die Bibel wagt das kühne Bild, Gott sei eifersüchtig, also leidenschaftlich besorgt um und interessiert an uns. Natürlich ist das ein Bild und wie jeder Versuch, Gott zu erfassen, unangemessen. Aber es verweist uns auf die alte Glaubenswahrheit, dass die Beziehung Gottes zu den Menschen nur zu verstehen ist als Liebesbeziehung, und Liebe wartet auf eine Antwort. Schon die Mutter, die dem Neugeborenen alles gibt, ohne jede Vorleistung ihres Kindes, freut sich doch über das Lächeln, dass ihr zurückgegeben wird.

Betend der Wirklichkeit Gottes innewerden

Aber die erste und wichtigste zugleich christliche und aufgeklärte Begründung für mein Beten ist, dass es Er-Innerung Gottes ist. Nicht nur, aber vor allem betend kann ich der Wirklichkeit Gottes, die unfassbares Geheimnis ist und bleibt, innewerden. Und diese Er-Innerung hilft mir – das glaube ich als Christ und vermag es auch gegenüber anderen zu begründen –, mein Leben zu verstehen und zu bestehen. Erst durch solch lebendige Erinnerung, sei es im gemeinschaftlichen Gottesdienst, sei es im ganz persönlichen Gebet, wird aus einer Weltanschauung über »ein höchstes Wesen« eine Glaubensbeziehung zu dem einen Grund und Vater. Und jede christliche Hinwendung zu Gott, in der feiernden sichtbaren Kirche oder allein betend in der über Raum und Zeit reichenden, unsichtbaren Gemeinschaft der Glaubenden, erinnert mich daran, dass ich ein »Gesalbter« bin, ein Sohn, eine Tochter Gottes, ein Königskind unter Königskindern.

Ich bete, um mich zu erinnern, wer ich bin, wozu ich bestimmt, berufen und begabt bin. Ein aus der Zeit des frühen Christentums überliefertes Märchen, das »Perlenlied«, erzählt davon:

Ich war noch ein kleines Kind und wohnte im Haus meines Vaters, im Haus des Großen Königs. Umgeben war ich von Reichtum und Macht, geborgen und glücklich bei denen, die mich erzogen. Aber eines Tages schickten meine Eltern mich fort aus der Heimat, dem Morgenland, wo die Sonne aufgeht. »Du musst eine weite Reise machen«, sagten sie, »weit weg wirst du gehen, bis in das Land der Abenddämmerung.« Was ich für die Reise brauchte, lag schon bereit: ein Bündel, gefüllt mit Kostbarkeiten aus dem Schatzhaus, wertvoll, aber leicht zu tragen. Gold war darin und Silber und seltene Edelsteine. Und an meinem Gürtel fand ich einen Dolch aus Diamant, der schnitt durch Stein und Eisen. Doch ausziehen musste ich auf der Fahrt mein lichtes Strahlenkleid, gewebt aus der Liebe meiner Eltern, und den scharlachroten Königsmantel, der ganz genau auf meine Größe zugeschnitten war.

Und meine Eltern schlossen einen Vertrag mit mir, sie schrieben ihn mir ins Herz, nie sollte ich ihn vergessen: »Steige hinab in das Dämmerland Ägypten, dort finde die Perle, der nichts zu vergleichen ist. Die ist mitten im Meer, bewacht von einem schnaubenden Drachen. Kommst du zurück mit der Perle, der nichts zu vergleichen ist, so wirst du dein Strahlenkleid wieder anziehen, den kostbaren Königsmantel überwerfen. Zusammen mit deinem Bruder, dem Zweiten nach uns, wirst du der Erbe unseres Reiches sein!«

So verließ ich meine Heimat, das Morgenland, begleitet von zwei Boten des Reiches, denn der Weg war schwierig und voller Gefahren, und ich war zu jung, um allein zu gehen. Über die Grenze ging ich bei Mesene, wo sich die Händler des ganzen Morgenlandes treffen, kam nach Babylon, kam durch das dunkle Gewirr seiner Mauern und stieg dann weiter hinab in das Dämmerland Ägypten; dort verließen mich meine Begleiter.

Ich aber ging geradewegs zu dem Drachen. Nah bei dem Abgrund, wo er hauste, suchte ich eine Unterkunft. Und nun wartete ich, dass er die Augen schließen und einschlafen würde, dann wollte ich ihm die Perle entwinden. Aber die Zeit verging, verging und verging, und die Augen des Drachen schlossen sich nicht – er blieb hellwach bei Tag und bei Nacht.

Und ich war einsam und allein, keiner stand mir zur Seite, den anderen Gästen in der Herberge war ich fremd. Nur einmal traf ich einen aus meiner Heimat, dem Morgenland, einen jungen Edelmann, schön und liebenswert. Dieser Fürstensohn wurde mein Freund, mein vertrauter Gefährte, und ich erzählte ihm von meinem Auftrag. Da warnte er mich vor den Dämmerland-Leuten. »Lass dich nicht ein mit ihnen«, sagte er, »sie werden dich verderben!« Ich aber wollte nicht auffallen, also verkleidete ich mich, kleidete ich mich wie die Dämmerland-Leute, sonst werden sie misstrauisch, dachte ich, sonst fragen sie sich, was will dieser Fremde hier, und am Ende ahnen sie, dass ich die geheimnisvolle Perle suche – und dann hetzen sie den Drachen auf mich!

Ja, das war meine Angst, darum verkleidete ich mich, aber sie durchschauten mich doch, ich fiel ihnen auf, sie merkten: »Der ist doch keiner von uns!«, und sie überlisteten mich. Sie reichten mir den Becher, aus dem sie tranken – ich nahm ihn und ich trank und vergaß. Sie gaben mir von dem, was sie aßen – und da vergaß ich, dass ich ein Königssohn bin. Ich benahm mich, als wäre ich ein Knecht ihres Herrn, lebte wie einer aus dem Dämmerland, vergaß meinen Auftrag, vergaß auch die Perle, die heimzuholen meine Eltern mich ausgesandt hatten. Und je mehr ich aß, was sie aßen, umso müder und träger wurde ich, ich versank in tiefen Schlaf.

All das, was mit mir geschah, erfuhren meine Eltern, sie erfuhren es und waren traurig. Und eine Botschaft erging in unser ganzes Reich: »Kommt her zum Tor des Königs, all ihr gekrönten Häupter

Parthiens, all ihr Großen des Morgenlandes!« Und sie kamen zusammen und fassten einen Beschluss: »Wir lassen ihn nicht im Stich im Land der Dämmerung!«

Und sie schrieben mir einen Brief, den unterschrieben alle mit ihrem Namen:

»Von deinem Vater, dem König der Könige.
Von deiner Mutter, die im Morgenland regiert.
Von deinem Bruder, dem Zweiten in unserem Reich.
Du, unser Sohn im Dämmerland Ägypten, sei gegrüßt!
Wach auf! Steh' auf aus deinem Schlaf! Und höre, was unser Brief dir sagt! Erinnere dich: Du bist ein Königssohn! Sieh doch, zu wessen Knecht du dich gemacht hast! Denk an die Perle, die du aus dem Dämmerland heimholen wolltest! Erinnere dich an dein Strahlenkleid, denk an den scharlachroten Königsmantel! Du sollst dich wieder mit ihnen schmücken, und dein Name soll zu lesen sein im Buch der Helden. Du und dein Bruder, unser Stellvertreter, ihr seid doch die Erben unseres Reiches!«

Und der König versiegelte diesen Brief, meinen Brief, versiegelte ihn mit seiner eigenen Rechten, so war er geschützt vor den bösen Söhnen Babylons und vor den rebellischen Dämonen im dunklen Gewirr. Und der Brief flog zu mir wie ein Adler, wie der König des Federvolks, flog zu mir und ließ sich bei mir nieder und wurde ganz Stimme, und von seinem Rufen und Rauschen wurde ich wach, und ich stand auf aus meinem schweren Schlaf.

Ich nahm den Brief, ich küsste ihn, ich löste sein Siegel und las. Und was dort geschrieben stand, das war auch eingeschrieben in mein Herz. Wie konnte ich nur vergessen, dass ich ein Königssohn bin? Wie konnte ich nur meine Freiheit vertun und meiner Berufung untreu werden? Doch jetzt dachte ich wieder an die Perle und an meinen Auftrag: sie heimzuholen aus dem Land der Dämmerung.

Und ohne Furcht trat ich dem Drachen entgegen; der tobte und schnaubte vor Wut, doch ich warf einen Zauber auf ihn, bannte seinen Schrecken mit dem Namen des Vaters, und dem Namen meines Bruders, des Zweiten in unserem Reich, und dem Namen meiner Mutter, die im Morgenland regiert. Da wurde die Große Schlange müde, ich sang sie in Schlummer und Schlaf, die Augen fielen ihr zu, sie sank zu Boden, und ich entriss ihren Klauen die Perle, der nichts zu vergleichen ist.

Dann kehrte ich um zum Haus meines Vaters. Das Schmutzkleid der Dämmerland-Leute warf ich ab, den Kittel der Knechtschaft ließ ich im fremden Land zurück. Und ging meinen Weg ins Licht unsrer Heimat, dem Sonnenaufgang entgegen. Und der Brief, der mich aufgeweckt hatte, der ging mir voran auf dem Weg. Seine Stimme hatte mich wach werden lassen, nun leitete mich sein Licht – rot leuchtete die Schrift auf chinesischer Seide. So geführt und ermutigt eilte ich heim, und die Liebe, die aus diesem Brief sprach, gab mir Kraft. (...)

Erinnere dich, du bist ein Königskind. In jedem Gebet, jedem Gottesdienst kann ich das Siegel des uralten Liebesbriefes öffnen, ihn küssen und mich an das erinnern lassen, was mir doch längst ins Herz geschrieben ist.

2 Warum beten? Eine Rückschau auf Vorerfahrungen

Wenn wir heute beten, dann stehen wir in einer langen Kette von Betenden, die über Generationen, Kulturen und auch Religionen hinweg reicht. Seit Jahrtausenden sind Menschen betende Wesen, und mir scheint es sinnvoll, vor der Frage nach den ureigenen Zugängen und Möglichkeiten auf die Tradition des Gebetes zurückzuschauen.

»Tradition«, schrieb der englische Philosoph (und Pater-Brown-Erfinder) Gilbert Keith Chesterton am Ende des 19. Jahrhunderts, »Tradition ist Demokratie für die Toten«. Warum, meinte er, sollten allein die zufällig jetzt Lebenden bestimmen über Sinn und Unsinn, warum sollten wir nicht zurückschauen, ob in der Vergangenheit Entdecktes auch für uns die Welt verständlicher macht. Schließlich übernehmen wir ja auch die Sprache und erfinden sie nicht immer wieder neu, auch wenn sie sich wie jede lebendige Tradition weiterentwickelt. Das ist auch eine Form des Respektes vor der Lebenserfahrungen anderer. Unser Wort »Respekt« kommt vom Lateinischen *»respectare«*, was zunächst »zurückblicken« heißt.

Ich möchte bei meinem respektvollen Rückblick vor der Betrachtung exemplarischer Beispiele der biblisch-christlichen Gebetstradition auch das Beten in den anderen Weltreligionen betrachten und in den vorchristlichen religiösen Strömungen der Menschheit. Freilich, was Menschen der vorschriftlichen Zeiten und Kulturen gedacht und gefühlt, geglaubt

»Im Gebet ist eine ungebrochene Macht, die im Menschen wirkt und ihn durchformt; sie lässt es nicht zu, dass er die Augen vor dem Bösen verschließt, vor den Kriegen, vor dem, was unschuldige Menschen auf der Erde bedroht. Im Gebet findet man Kraft für den Kampf, Lebensbedingungen zu verändern und die Erde bewohnbar zu machen.« (Frère Roger)

und gebetet haben, ist uns nicht mehr unmittelbar zugänglich. Erst seit und wo es schriftliche Zeugnisse gibt, hören wir ja die Stimme unserer Vorfahren. Und selbst das müssen wir einschränken. Wir lesen auch (fast nur) die Worte derer, die das Sagen hatten, der weltlichen und religiösen Eliten. Zudem lesen wir so gut wie ausschließlich, wie Männer die Welt erlebten. Was die kleinen Leute dachten, die Frauen, die Kinder, das bleibt verborgen, das ist nur manchmal zu ahnen.

Wenn wir zurückschauen in die schriftlosen Zeiten, so können wir nur versuchen, den archäologischen Funden etwas abzulesen. Das ist nicht einfach, weil der Betrachter immer eingeht in das Ergebnis der Betrachtung. Aber es scheint doch recht deutlich, dass schon in der mittleren und jüngeren Steinzeit Menschen eine Form von Religion ausgeübt haben. Zwar sind uns ihre Gebete sowenig überliefert wie ihre Lieder und Märchen, aber gewiss haben sie gesungen, erzählt und gebetet, so wie sie – das wissen wir, weil uns da beeindruckende Bildzeugnisse erhalten sind – auch gemalt haben. Wenn uns auch die Gebete der frühen Menschen fehlen, so ist uns doch vielfach erhalten, was ihre Gebete begleitet hat: das Opfer als »getanes Gebet«.

Wir heutigen Bürger einer wohlhabenden Industriegesellschaft haben viele Schutzschilde über unserem Leben ausgespannt. Bis weit in die Neuzeit waren unsere Vorfahren viel stärker den Wechselfällen des Lebens ausgeliefert: Krieg und Krankheit, Hunger und Blitz konnten jederzeit zuschlagen, und die Möglichkeiten, sich dagegen zu schützen, waren begrenzt. Die Welt war zum Staunen, aber nicht weniger zum Fürchten.

Wir können nicht sicher wissen, wann, wo und wieso sich dieses Gefühl von Staunen und Schrecken zum ersten Mal verdichtete zu einem Stoßseufzer, einem Hilferuf, einem Gebet, zur Ahnung, da müsse in und hinter all dem Staunen und Schrecken doch eine Macht am Werk sein, mit der man – wie mit allem in der Welt – in Beziehung treten könne und müsse. Es spricht viel dafür, dass die Menschen der mittleren Steinzeit, die als Jäger und Sammler umherzogen, die ganze Welt belebt erfuhren, so wie das heute noch kleinere Kinder tun. *Animismus* nennen die Religionswissenschaftler dieses Gefühl einer »Allverbundenheit«.

Aber je mehr sich im Menschen – kulturell wie individuell – ein Ich-Bewusstsein entwickelte und er sich nicht nur in der Welt erlebte, sondern auch als ein ihr gegenüber stehendes selbstbewusstes Wesen, desto näher lag es, auch hinter dem Erstaunlichen und Erschreckenden der Welt ein selbstbewusstes, ansprechbares »Du« zu vermuten.

Das war sicher noch nicht das unendliche, einzige Du, das den alttestamentlichen Propheten als Gotteswirklichkeit aufging. Aber viele archäologische Funde lassen vermuten, dass die steinzeitlichen Bärenjäger das getötete Tier nicht einfach verbrauchten, sondern Teile, zumindest die Knochen in einem Ritual zurückließen als »Opfer«. War das Ausdruck eines unguten Gefühls selbst nach erfolgreicher Jagd, weil das Töten den Menschen doch nicht wirklich im Blut liegt? War es der Wunsch, das Übriggelassene möge sich erneuern, damit die Nahrungsquellen nie ganz versiegten? Oder war es schon ein Dank an einen »Herrn der Tiere« und zugleich die Bitte, dieser möge den Jägern auch in Zukunft günstig gesonnen sein?

Auch aus der sesshaft gewordenen, jungsteinzeitlichen Kultur der Bauern, Viehzüchter und Fischer sind zahlreiche

»Nur in Erstaunung werde ich meiner inne, ich staune, dass ich staune, dass ich bin!« (Franz Werfel)

Opfergaben gefunden worden, nicht nur Tieropfer, sondern auch kostbare Handwerkserzeugnisse, hinabgeworfen in Opferschächte, die tief in die Erde führten. Wollte man der Mutter Erde danken? Ihre Gunst erkaufen? Ihre Lebenskraft erneuern?

Die »Urmotive« menschlichen Betens

Auch wenn wir also nicht in die Herzen und Seelen jener fernen Vorfahren schauen können, so sprechen nicht nur die Vergleiche mit den bis in die Moderne untersuchten »primitiven« Religionen, also den archaischen Naturreligionen von schriftlosen Völkern, sondern auch Beobachtungen, die wir an uns selbst machen können, dafür, dass – wie von den Religionswissenschaftlern vermutet – Staunen und Schrecken die Ausgangserfahrungen menschlicher Religiosität sind und die Urmotive menschlichen Betens. Denn Staunen und Schrecken sprengen unser Ich auf, in Staunen und Schrecken geht uns das eigene Ich auf, gerade an seinen Grenzen, und es geht uns auf, dass es unendlich mehr gibt als unser Ich. Franz Werfel hat diese Erfahrung des Staunens in einen Satz verdichtet: »Nur in

Rudolf Otto *(1869 bis 1937), ein evangelischer Theologe und Religionswissenschaftler, hat in seinem bekanntesten Buch* Das Heilige *dieses als* **»Mysterium fascinosum et tremendum«** *bezeichnet, also als ein Geheimnis, das Staunen und Schrecken auslöst. Eine Erfahrung, die der Mensch einerseits als überwältigend empfindet, in der er dem »ganz Anderen« begegnet, was andererseits aber auch ein Erschauern in ihm auslöst, weil er diese Erfahrung als »fremd« oder seinem Menschlichen gegenüber als fremd empfindet.*

Erstaunung werde ich meiner inne, ich staune, dass ich staune, dass ich bin!«

Und das Erschrecken ist wie der Schatten dieser Erfahrung: Es schreckt mich die Erfahrung und Erkenntnis auf, dass mein Dasein alles andere als selbstverständlich ist, dass ich auf dünnem Eis lebe, über unermesslichen Abgründen. Staunen und Schrecken nehmen uns die Illusion unserer Selbstverständlichkeit, unserer Selbstsicherheit, nehmen uns unsere Selbstzufriedenheit und Selbstgenügsamkeit. Und Staunen und Schrecken sind auch heute noch mit dem Beten verbunden, wenn auch »gezähmter« und kontrollierter. Die Geschichte der »verfassten« Religionen ist ein Versuch, die archaische Sprengkraft dieser Erfahrungen von Staunen und Schrecken zu kultivieren im Kult, sie einzurahmen in Ritualen, sich im Gebet »einen Reim zu machen« auf das ganz und gar Unberechenbare.

Ehrfurcht und Sorge sind zwei abgemilderte Formen des Großen Schreckens, Freude und Dankbarkeit lassen noch heute das Große Staunen ahnen. Und schon aus vorchristlicher Zeit ist uns ein Hochgebet überliefert, in dem der Schrecken der Lebensverdunkelung benannt, aber doch ganz gebannt erscheint und das Staunen mit so großer poetischer Schönheit wie spiritueller Tiefe in Worte gefasst wird. Ich meine den Sonnengesang des berühmten »Ketzer-Pharaos« Echnaton, der im 15. vorchristlichen Jahrhundert die alte mythologische Religion Ägyptens revolutionär verändern wollte in den Glauben an den einen lichten Gott, der sein Wesen offenbarte in der Sonne – und das 500 Jahre vor Aufzeichnung der ältesten Texte der Bibel.

»Heiligkeit und Genie entziehen sich der Definition.« (Heinrich Böll)

Der Sonnengesang des Echnaton
(aufgezeichnet im Felsgrab seines Schwiegervaters und Erziehers Aja in Tell el-Amarna)

Betet an, Ihn, der am Horizont aufsteigt, Sonne genannt,
betet an, Ihn, der in der Sonnenscheibe lebt,
ewig lebendig und für immer.
So schön erscheinst Du am Horizont des Himmels,
Du Rad des Lebens,
dann beginnt alles Sein.
Gehst Du auf am morgendlichen Horizont,
dann erfüllst Du alle Lande mit Deiner Schönheit.

Groß und funkelnd verströmst Du Dein Licht
wie ein Bach hoch oben über der Erde.
Deine Strahlen umarmen alle Länder
und erhellen alles, was Du geschaffen hast.

Du Sonne des Mittags,
nun richtest Du Deine Strahlen auf Deinen Sohn,
Du bist fern, doch Dein Glanz liegt auf der Erde.
Du bist im Antlitz des Menschen,
aber Deinen Weg sehen wir nicht.

Doch legst Du Dich zur Ruhe am abendlichen Horizont,
dann ist die Erde von Dunkelheit durchdrungen
und wie tot.
Die Schläfer sind in ihren Kammern, das Gesicht verhüllt,
kein Auge sieht das andere.
Raubt man alle ihre Habe unter ihren Köpfen weg –
sie merken es nicht.
Jede Katze kommt aus ihrer Höhle
und jede Schlange beißt.

Die Finsternis ist ein Grab, die Erde liegt erstarrt,
denn ihr Schöpfer ruht in Seinem Horizont.

Am Morgen aber erhellst Du die Erde wieder,
wenn Du aufgegangen bist am Horizont,
Du machst Dich zur Sonnenscheibe am Tag
und vertreibst die Finsternis,
denn wenn Dein Licht aufstrahlt,
dann feiern Dich beide Länder.
Die Menschen sind erwacht
und stehen auf ihren Füßen, wenn Du sie aufgerichtet hast.
Rein ist ihr Leib im Licht,
sie legen Kleider an, breiten ihre Arme aus und beten an,
wenn Du erscheinst über der Erde.
Das ganze Land tut seine Arbeit.
Die Herden kommen auf ihre Weiden,
Bäume und Kräuter grünen.
Die Vögel sind aus ihren Nestern aufgeflogen,
breiten ihre Flügel aus,
beten Deine sichtbare Erscheinung an.
Alles Wild springt auf die Beine,
alles flattert und fliegt voll Leben,
weil Du ihnen aufgegangen bist.
Lastschiffe fahren stromab und wieder stromauf wie Du,
die Fische im Strom springen vor Deinem Angesicht,
denn Deine Strahlen durchdringen die Fluten.

Du schenkst dem Wasser in den Frauen Leben,
schaffst den Männern Samen,
Du erhältst das Kind am Leben im Leib seiner Mutter,
gibst ihm zu essen, dass es nicht weint –
Du Amme im Mutterleib!
Atem gibst Du allen Geschöpfen, damit sie am Leben bleiben.

Kommt das Kind aus dem Mutterleib heraus
am Tag seiner Geburt,
dann öffnest Du seinen Mund, lässt es sprechen,
was es braucht, Du verschaffst es ihm.
Das Küken im Ei, das schon in der Schale piept –
Du gibst ihm Luft, um zu überleben,
zur rechten Zeit lässt Du es die Schale zerbrechen,
und es kommt aus dem Ei, ruft nach der Mutter,
wird flügge, es trippelt auf seinen Füßchen ins Leben …

Wie zahlreich sind Deine Werke,
die dem Angesicht verborgen sind,
Du einziger Gott, dem niemand gleicht!
Du hast die Erde geschaffen nach Deinem Wunsch,
ganz allein Du,
mit Menschen, Vieh und allem Getier,
mit allem, was auf der Erde ist,
was auf seinen Füßen umherläuft
oder mit Flügeln in die Höhe fliegt.
Mit den fremden Ländern, Syrien und Nubien,
dazu das Land Ägypten.
Du hast einen jeden an seinen Platz gestellt
und sorgst für alles, was er braucht,
jedes Geschöpf hat seine Nahrung,
jedes seine bestimmte Lebenszeit.
Die Zungen reden verschieden,
unterschiedlich ist ihr Wesen, unterschiedlich die Farbe ihrer Haut,
denn Du unterscheidest die Völker.

Du schaffst den Nil in der Unteren Welt
und lenkst ihn nach Deinem Willen,
damit die Menschen leben können, da Du sie geschaffen hast.
Du bist ihrer aller Herr, gibst Dir Mühe mit ihnen,

Du Herr aller Lande, der für sie aufgeht,
Du Sonne des Tages, hoch erhaben!
Selbst die fernen Fremdländer hältst Du am Leben,
hast Du doch einen Nil an den Himmel gesetzt,
dass er zu ihnen herabströmt
und Wellen schlägt auf den Bergen wie das Meer,
um ihre Felder zu tränken mit dem, was sie brauchen.
Wie wirksam sind Deine Pläne, Du Herr der Ewigkeit!
Den Nil am Himmel, den gibst Du den Fremdvölkern
und allem Wild der Wüste, das auf Füßen läuft;
aber der wahre Nil kommt aus der Unteren Welt nach Ägypten.
Deine Strahlen säugen alle Felder,
wenn Du aufgehst, leben sie und bringen Frucht für Dich.

Du schaffst die Jahreszeiten,
dass all Deine Geschöpfe wachsen können –
den Winter, um sie zu kühlen,
die Sommerglut, damit sie Dich spüren.
Du hast den Himmel fern gemacht, um an ihm aufzugehen
und alles zu schauen, was Du geschaffen hast.
Einzig bist Du, wenn Du aufgegangen bist,
zeigst Dich in allem als Licht, das leben lässt,
das erscheint und erglänzt, sich entfernt und sich nähert.

Du erschaffst Millionen von Gestalten aus Dir allein
– Städte, Dörfer und Äcker, Wege und Strom.
Alle Augen schauen auf zu Dir,
wenn Du als Sonne des Tages über dem Land stehst.
Bist Du gegangen,
ist Dein Auge nicht mehr da,
das Du um ihretwillen geschaffen hast,
dass Du nicht allein Dich selber siehst als einzig Geschaffener
– auch dann bleibst Du in meinem Herzen,

und kein anderer ist es, der Dich kennt,
nur Dein Sohn Echnaton,
den Du eingeweiht hast in Dein Wesen und Deine Macht.

Die Erde liegt auf Deiner Hand.
Gehst Du auf, so leben die Menschen,
gehst Du unter, so gehen sie dahin;
Du bist die Lebenszeit selbst, man lebt durch dich.
Die Augen ruhen auf Schönheit, bis Du versinkst,
alle Arbeit wird niedergelegt,
wenn Du untergehst am Abendhimmel.
Gehst Du auf, so stärkst Du alle Arme
und Eile ist in jedem Fuß.

Seit Du die Welt gegründet hast,
lässt Du sie wachsen für Deinen Sohn,
der aus Deinem Leib hervorgegangen ist,
den König Beider Länder,
Echnaton, den Sonnen-Sohn, der von Gerechtigkeit lebt,
den Herrn der Diademe, Echnaton, groß in seiner Lebenszeit,
und die Große Königsgemahlin, die er liebt,
die Herrin Beider Länder, Nofretete,
die lebendig und jung ist für immer und ewig.

Dieses Gebet gehört zweifellos zum spirituellen Vermächtnis der Menschheit, und seine Sprache, seine Bilder und seine Weltsicht hat prägenden Einfluss gehabt auf das Alte oder Erste Testament, wie man vor allem am Psalm 104 sehen kann. Die poetische und spirituelle Kraft dieses Sonnengesangs sollte uns Christen warnen vor Überheblichkeit gegenüber dem Beten vor und außerhalb unserer Tradition.

Doch ein Unterschied zur christlichen Sicht des Menschen ist mir bei aller Freude über dieses Weltgebet deutlich und wichtig: Was bei Echnaton eine ihm, dem Gottes- und Sonnensohn, vorbehaltene exklusive Gottesbeziehung ist, die ihn unendlich heraushebt aus der Masse der gewöhnlichen Sterblichen, ist in der biblischen Tradition zum Wissen und Wesensmerkmal aller Glaubenden geworden: Jede, jeder ist ein Kind des Himmels, auch wenn – so glauben Christen – diese Wahrheit uns vermittelt und erschlossen wurde durch Jesus, der sie vorgelebt und als einziger unbedingt ausgelebt hat. Freilich nicht als Sonnenkönig auf dem Thron, sondern als einer, der aus Liebe hinabgestiegen ist und wirklich beide Länder durchwandert: nicht nur Unter- und Oberägypten, sondern das Licht des Reiches Gottes, das anbricht, und die Dunkelheit der Nacht des Todes.

Alle Religionen, so unterschiedlich sie sein mögen, beschwören und feiern, dass das Leben in einem größeren Zusammenhang steht und einen tieferen Sinn hat. Und wo in den Hochreligionen der Glaube nicht nur praktiziert, sondern auch reflektiert wird, wird auch bewusst, dass dieser Sinnzusammenhang über die uns fassbare Wirklichkeit hinausreicht. Gebet ist darum immer und überall ein Versuch, zu einer Übereinstimmung zu kommen mit der hintergründigen Weltwirklichkeit.

Die monotheistischen Religionen Judentum, Christentum und Islam, die im semitischen Denken wurzeln, verstehen diesen einen Grund der Wirklichkeit nicht – wie die indischen

> *»Alle Wesen warten auf dich, dass du Speise ihnen gibst zur rechten Zeit. Du spendest ihnen und sie sammeln es ein, du öffnest deine Hand und sie werden gesättigt mit Gutem. Verbirgst du dein Angesicht, so vergehen sie in Furcht; nimmst du ihnen den Atem, so schwinden sie hin und sinken zurück in den Staub. Du sendest aus deinen Hauch und sie werden geschaffen, und das Angesicht der Erde machst du neu.« (Psalm 104,27–30)*

Religionen – als fließende Lebensenergie, in die ich meditierend eintauche, nicht – wie die Naturreligionen – als Vielzahl widersprüchlicher Kräfte innerhalb des Weltenschicksals, unter denen ich opfernd Verbündete suchen muss. Judentum, Christentum und Islam bekennen sich zu dem einen und einzigen als bewussten Weltenherrn und -schöpfer, der erhaben ist über alles von ihm Geschaffene, der so unfassbar ist wie der Himmel, weit jenseits aller menschlichen Vorstellungskraft, der aber doch für uns ansprechbar bleibt als ein Du, weil er uns angesprochen und ins Leben gerufen hat. Gebet ist darum in diesen drei Religionen nicht Versenkung, nicht Verhandlung, sondern Begegnung.

Biblisch-christliche Gebets-»Disziplinen«

Schon vor und bis heute haben außerhalb der biblisch-christlichen Tradition Menschen gebetet mit Andacht, Ehrfurcht, liebevollem Herzen und Gespür für die Schönheit der Worte, die man dem Himmel schenkt. Sie haben ihr Ich geöffnet oder aufsprengen lassen von den Tiefenerfahrungen des Staunens und Schreckens. In der biblisch-christlichen Tradition hat sich diese Herzensöffnung ausgesprochen in vier »Hauptdisziplinen« des Betens: Lob und Dank sind vor allem Ausdruck des Staunens, in der Bitte und mehr noch in der Klage liegt auch das uralte Erschrecken vor der Abgründigkeit des Lebens.

Das Lobgebet

Das Lobgebet ist wohl für die biblische Tradition die Hochform des Betens. Aber was ein »Lobgebet« ist und soll, das ist durchaus nicht ganz selbstverständlich. Im heutigen Sprachgebrauch ist Loben zumeist eine wohlwollende Anerkennung von »oben« nach »unten«: Die Eltern loben ihr Kind, die Lehrer ihre Schüler – kaum umgekehrt. Loben bedeutet dann – nicht selten mit einer Spur Herablassung dessen, der es besser kann –: Das hast du aber gut gemacht! Natürlich ist das Lob Gottes etwas ganz anderes, hier geht es um eine Anerkennung »nach oben«, was freilich keineswegs das Gleiche ist wie Schmeichelei, Liebedienerei oder jene Art von Bewunderung und Verehrung, die sich alle Despoten gern gefallen lassen.

Auch das in der biblischen Überlieferung oft mit dem Wort »loben« verbundene »preisen« ist nicht unbedingt eine Verstehenshilfe. »Preisen« kommt in der Umgangssprache und außerhalb reiner Kirchensprache wohl nur noch in der Ableitung »anpreisen« vor, und angepriesen wird nur der Ladenhüter, dessen Qualität fraglich ist.

Das mit »preisen« übersetze hebräische Wort bedeutet aber wörtlich »segnen«, und damit haben wir, wie mir scheint, den Schlüssel zum Verstehen des Lobgebetes. In der biblischen wie in der jüdischen Tradition segnet nämlich nicht nur Gott den Menschen, sondern auch der Mensch segnet Gott. Segnen heißt ja sagen: »Ein Segen, dass es dich gibt!« Auch das lateinische *»benedicere«* zeigt das noch: »gut sagen«, heißt es wörtlich, »gut, dass es dich gibt!«. Und wir Menschen können einander darum gar nicht oft genug segnen, oft genug mit so unscheinbaren Segensformeln wie einem Lächeln, einem »Schön, dich zu sehen«, aber auch mit dem größten Zauberspruch, der uns gegeben ist: »Ich liebe dich!«. Wir können sogar Gott segnen: »Wie gut, dass es dich gibt!«, oder auch: »Wie gut, dass es Leben gibt«. Segnen und Loben heißt, das Leben bejahen,

»Wenn ihr das Dunkle in euch zu eurem Trost in den Weltraum vergießt, so solltet ihr auch zu eurer Freude die Morgenröte eures Herzens dorthin verströmen lassen.« (Khalil Gibran)

heißt einstimmen in das große, endgültige, jeden Tag neue Ja Gottes zu seiner Welt, zum Leben.

Zugleich verlasse ich in der lobenden Zustimmung zur Schöpfung mit ihren hellen und dunklen Seiten meinen eigenen kleinen und begrenzten Horizont. Ich trete im Lob in den Gesang der Schöpfung ein, stimme ein in das Lied aller, die Atem haben, aller, die sich ausstrecken nach Licht. Ein schönes und schon in der Bibel bezeugtes Bild ist auch die Vorstellung, dass selbst die unbelebte Natur wie die Berge und die Wolken ihren Schöpfer segnen. Wenn es nicht zu modisch klingen würde, so könnte man das Lobgebet als ein »ökologisches« Gebet bezeichnen, nicht, weil es moralische Appelle zum Umweltschutz enthält, sondern weil es uns einbindet in die Schöpfung und uns betend einstimmen lässt in das Ja zu ihrem Lebensrecht.

Dabei ist das Lob gerade kein »Schönwettergebet«, also nur für die, die sich auf der Sonnenseite befinden. Wer lobt, wendet sich dem unfassbaren Licht Gottes zu, selbst wenn er sein Leben im Schatten erlebt. Und mir persönlich tut es fast immer gut, für die wenigen Atemzüge eines Lobliedes den »kleinen Heinrich« und seine Sorgen und Interessen hinter mir zu lassen und mich ganz einzulassen auf das lobende Ja der Schöpfung, die damit auf das Große Ja Gottes antwortet, das der gute Grund für ihr Leben und Loben ist. Loben heißt: das Leben segnen, mit seinen Höhen und Tiefen, mit seinem Licht und seinem Schatten, für alles, was wächst und für alles, was vergeht.

Das vielleicht bekannteste und schönste Lobgebet der christlichen Tradition ist der Sonnengesang des Franz von Assisi (1181 bis 1226), als »*Laudato si*« auch zu einem höchst populären neuen geistlichen Lied geworden. Doch sollte uns die fröhliche Melodie nicht täuschen. Dieses Lobgebet wurde nicht an einem hellen Frühlingstag gedichtet und gebetet, als Stimmungsbild des »*Poverello*«, des fröhlichen Troubadours Gottes, den schon die mittelalterlichen Legenden zeichnen. Franz, der zeitlebens und bis zu seinem Tod mit Depressionen kämpfte, dichtete es blind und auch in seelischem Dunkel gegen seine Stimmung, er lobte und betete sich »gegen den Wind« aus seiner festgefahrenen Gemütslage.

Du höchster, allwirkender, guter Herr,
Dein sind Lob und Glanz und Ehre und jeder Segen.
Dir allein, Du Höchster, stehen sie zu,
und keiner ist würdig dich anzurufen.

Sei gelobt, Du mein Herr, mit allem, was Du geschaffen hast,
vor allem mit dem Meister Bruder Sonne,
der es Tag werden lässt und uns in Licht hüllt,
und wie schön ist er und strahlend mit hellem Glanz:
Dein Gleichnis, Du Höchster.

Sei gelobt, Du mein Herr,
durch Schwester Mond und die Sterne,
am Himmel hast Du sie geformt
so hell und kostbar und schön.

Sei gelobt, Du mein Herr,
durch Bruder Wind und durch die Luft
und durch jedes Wetter, ob wolkig, ob heiter,
durch das Du Deiner Schöpfung gibst, was sie braucht.

Sei gelobt, Du mein Herr,
durch Schwester Wasser,
sie ist so nützlich und doch bescheiden,
so kostbar und selbstlos.

Sei gelobt, Du mein Herr,
durch Bruder Feuer,
durch den die Nacht erleuchtet wird,
und wie ist er schön und fröhlich
und doch so mächtig und stark.

Sei gelobt, Du mein Herr,
durch unsere Schwester Mutter Erde,
die uns erhält und ernährt
und so viele Früchte wachsen lässt
und bunte Blumen und Kräuter.

Sei gelobt, Du mein Herr,
durch die, die vergeben um Deiner Liebe willen
und Schwäche und Traurigkeit aushalten.
Gesegnet, die das in Frieden ertragen:
denn von Dir, Du Höchster, werden sie einmal gekrönt.

Sei gelobt, Du mein Herr,
durch unsere Schwester, den leiblichen Tod,
ihr kann keiner der Menschen, die leben, entkommen.
Weh denen, die sterben, bis in den Tod von Dir getrennt,
gesegnet, die sie trifft in Deinem heiligsten Willen.
Denen kann der zweite Tod nichts antun.
Lobt und segnet meinen Herrn
und dankt Ihm und dient Ihm in Bescheidenheit.

Das Bittgebet

Das Bittgebet ist wohl das zugleich einfachste und schwierigste Gebet. Einfach ist es, weil wir sehr schnell spüren, was uns fehlt, und weil uns, wenn wir nicht mehr weiter wissen, Wünsche und

Hilferufe wie von selbst über die Lippen kommen. Schwierig ist das Bittgebet, weil Gott für uns – jedenfalls wenn wir das biblisch-christlich betrachten – niemals Mittel zum Zweck sein darf, keiner, der als »*deus ex machina*«, als Geist aus einer Wunderlampe herbeigerufen werden kann, wenn es uns passt, weil er niemals Lückenbüßer oder Erfüllungsgehilfe unserer privaten Interessen ist und auch nicht so angebetet werden soll und darf.

Auch keineswegs ganz einfach ist die Frage, worum wir bitten sollen und dürfen. Dürfen wir Gott um alles bitten? Wer sollte uns das verbieten, kann man natürlich einwenden. Es geht mir auch nicht um eine inquisitorische Gebetskontrolle. Wohl aber muss ich mich als erwachsener Mensch und bewusster Christ fragen, ob sich nicht manches von selbst verbietet, weil es unangemessen ist, weil es Gott und mich ungebührlich klein macht. Ehrfurcht bedeutet und fordert auch, Religion nicht einfach als infantile Nische zu nutzen.

Also noch einmal: Dürfen wir um alles beten? Etwa um einen Lottogewinn? Ich könnte ja, sagen dann manche, die Hälfte von den gewonnen Millionen abgeben. Darf ich um den Sieg in der Schlacht beten? Oder in einem Länderspiel? Darf ich darum beten, dass ich die leitende Position bekomme und nicht mein Konkurrent? Darf ich darum bitten, dass ich eine Prüfung bestehe? Dass meine Tochter eine gute Klausur schreibt? Dass eine alte Freundin gesund wird? Dass der Blitz nicht in mein Haus einschlägt?

Es gibt, so scheint mir, zwei Prüfsteine für Bitten. Das eine ist der Prüfstein der Angemessenheit: Ist es angemessen, also sinnvoll, gar notwendig, worum ich bete und bitte? Ich hätte recht gern ein Pferd, und ich träume oft davon, einmal nach Island zu reisen, aber ich käme nicht auf die Idee, darum zu beten. Ich sehe ein, dass ich mir zurzeit weder Pferd noch Reise leisten kann, und mein Lebensglück hängt auch nicht daran.

Ebenso wenig wie jemandes Glück an einem Lottogewinn hängt, auch wenn es ein nettes Gedankenspiel ist, sich auszumalen, wie man denn frei von allen finanziellen Begrenzungen leben würde.

Noch wichtiger als dieser Prüfstein der Sinnhaftigkeit ist mir der Prüfstein der Geschwisterlichkeit. Denn was verlange ich da, wenn ich mir einmal wirklich klarmache, was es heißt, wenn ich Gott um einen Lottogewinn bitte – und wir lassen die Frage, ob Gott die Lottozahlen beeinflussen kann, hier einmal beiseite. Im Grund verlange ich von Gott: Bevorzuge mich gegenüber allen anderen. Denn natürlich bitte ich nicht: Lass alle Menschen im Lotto gewinnen. Wenn jeder 15 Millionen Euro bekäme, so wäre dieser Gewinn völlig wertlos. Hab' mich lieber, Gott, als all die anderen, würde das bedeuten. Wenn eines meiner Kinder käme und mich bitten würde: »Papa, hab' mich lieber als meine Geschwister«, so wäre ich tief erschrocken. Und wenn ich das dann zusagen würde, so wäre immer noch nichts gewonnen, denn der kleine Günstling würde von da an nicht nur voller Misstrauen gegenüber seinen Geschwistern sein, die ja Rivalen wären, er wäre auch voller Angst, wie lange er wohl seinen Favoritenplatz behaupten kann und womit. Günstlingswirtschaft verdirbt alle Beteiligten und macht sie klein. Als Christ weiß ich mich als Königskind, als Kind des Himmels unter lauter Königskindern. Im Namen Gottes und im Glauben an ihn als den guten Grund meines und allen Lebens sollen und können wir uns lösen aus dem Teufelskreis der Rivalität. Aber wo ich mir Vorteile gegenüber anderen erbitte – bewusst oder unbewusst –, missbrauche ich den Namen Gottes für Eigeninteressen. Ich will dann meine Rivalität von Gott nicht aufbrechen, sondern absegnen lassen: Gib mir die Stelle und nicht meinem Konkurrenten! Lass uns das Fußballspiel, den Krieg gewinnen! Lass meine Aktien steigen! Menschlich mag das verständlich sein, aber ich mache Gott klein und mich selbst auch, denn wer gegen andere wünscht, wird armselig.

Während wir, wie ich meine, kein Gebet »auf Kosten« anderer sprechen dürfen, ist jeder Hilfeschrei aus tiefer Not berechtigt, wenn auch immer unter dem Vorbehalt: »Nicht mein Wille geschehe, sondern der deine!« Wer für sein krankes Kind betet, der betet damit ja in keiner Weise gegen andere kranke Kinder, sondern in der Bitte für mein krankes Kind weiß ich mich verbunden mit allen Eltern, die sich um ihre Kinder sorgen. Bitten dürfen wir also vor allem um das, was wir jedem wünschen, weil wir alle es zum Leben brauchen wie das tägliche Brot: etwa Gesundheit oder den Frieden. Auch die Bitte der Bauern um gutes Wetter war eine, die Menschen verband. Bitten dürfen wir um das, was wir selbst zu geben bereit sind, das gilt vor allem bei der Bitte um Vergebung. Bitten dürfen wir für uns um die richtige innere Haltung (»Mach mich zum Werkzeug Deines Friedens ...«) und um das richtige Bitten und Wünschen. Bitten dürfen wir schließlich und endlich um das, was nur Gott uns geben kann – wie das Leben in Ewigkeit.

Neben dem Gebet »in eigener Sache«, das natürlich erlaubt ist, wo es sich nicht gegen andere richtet, gibt es die die Fürbitte für andere Menschen in Not oder Schwierigkeiten. Eine solche Fürbitte ist kein Ersatz für unser Tun, wie uns das Märchen von den zwei Fuhrmännern zu Beginn schon deutlich gemacht hat, aber sie bringt gleichermaßen unsere begrenzte Macht wie unsere – vor Gott – unbegrenzte Verbundenheit zum Ausdruck. Wir können die Not der Welt nicht wenden,

> *»Sie müssen diese Wünsche aufgeben können, oder sie ganz und richtig wünschen. Wenn Sie einmal so zu bitten vermögen, dass Sie der Erfüllung in sich ganz gewiss sind, dann ist auch die Erfüllung da.« (Hermann Hesse)*

nicht jedes Opfer retten oder auch nur trösten, aber wir können uns mit einer Fürbitte vor Gott mit ihnen verbinden.

Ich bete jeden Morgen für Menschen, denen ich mich besonders verbunden weiß, auch für solche, die schwer erkrankt oder in einer tiefen persönlichen Krise sind. Ich weiß nicht, was es ihnen »im Himmel« hilft. Ich weiß von einigen, dass es ihnen guttut zu wissen, dass ihr Name an jedem Morgen auf meinen Lippen und in meinem Herzen ist. Und mir tut es auch gut, weil ich sonst nichts tun kann für die Freundin am anderen Ende Deutschlands, deren Gehirntumor wächst, für die wunderbare alte Freundin in New York, die sich für gänzlich unreligiös hält und viel brennender nach Gott sucht als ich, für den jungen engagierten Priester, der sich aufreibt.

Ich weiß auch nicht, um was ich beten soll. Mach Elke gesund? Oder: Lass du sie nicht allein in ihrer Angst? Mach Ati katholisch? Vielleicht ist ihre Suche nach der »Schönheit in der Tiefe« dem Himmel viel kostbarer als mein nie wirklich erschütterter Glaube ... Lass Carsten vernünftiger haushalten mit seinen Kräften? Vielleicht ist Gott ja gerade seine unvernünftige Leidenschaft lieb. Ich habe mir längst abgewöhnt, bestimmte Wünsche »auszubeten«. Ich bete: Segne Elke, Ati, Carsten. Das schließt alles ein und überlässt Gott, was das Gute für die, die mir am Herzen liegen, sein mag.

Eine besondere Form der Fürbitte für andere ist die in der katholischen Tradition beheimatete Fürbitte für die Toten. Streng theologisch gedacht, also aus der in Gedanken eingenommenen Perspektive Gottes betrachtet, ist dieses Bittgebet problematisch. Wer mit seiner Lebenskraft am Ende ist und endgültig in die Hand Gottes fällt, der ist in seiner Barmherzigkeit, und Gottes Wohlwollen ist gewiss nicht kleiner als das irgendwelcher menschlicher Fürsprecher. Für mich ist gar nicht denkbar, dass ein frühmittelalterlicher Machthaber und Gewalttäter, der kurz vor seinem Ende ein Kloster stiftet und sich über Jahrhunderte die Fürbitte der dort betenden Gemeinschaft sichert, durch dieses Gebet Gott näher käme, während seine Opfer, vielleicht namenlos verscharrt und von allen Menschen vergessen, ebenso alleingelassen und ohne den Schutzschirm frommer Fürbitte dem strengen Urteil Gottes ausgesetzt wären. Nein, auch auf die Fürbitte für die Toten müssen wir »aufgeklärt« schauen, das heißt, nicht aus der »jenseitigen« Perspektive Gottes, sondern aus der Perspektive derer, die im Diesseits um liebe Tote trauern. Ich glaube nicht, dass ich die mir lieben Toten durch mein Gebet vor dem Urteil Gottes schützen kann oder muss, aber mir tut es gut, mich im Gebet für sie mit ihnen verbunden zu wissen vor und in Gott. Denn die Verbundenheit der Gotteskinder endet nicht an den Grenzen unserer Macht, und mit der Vorstellung der Fürbitte der Lebenden für die Toten muss man die Vorstellung verbinden, dass die uns vorausgegangenen Heiligen betend für uns sprechen. Es ist ein Netz der Verbundenheit durch Raum und Zeit, was durch das Gebet von uns Lebenden für die Toten und durch das Gebet der bei Gott bewahrten Toten für uns Lebende heraufbeschworen wird.

Das schönste, weiteste und tiefste mir bekannte Bittgebet, die *»Litanei von der Gegenwart Gottes«*, ist im katholischen Gebetbuch (Nr. 764) zu finden, gedichtet von Huub Oosterhuis und aus dem Holländischen übertragen von Lothar Zenetti:

Sei hier zugegen, Licht unseres Lebens.
Sei hier zugegen, in unserer Mitte.
Lös unsre Blindheit, dass wir Dich sehen.
Mach unsere Sinne wach für Dein Kommen.
Zeig Deine Nähe, dass wir Dich spüren.
Weck Deine Stärke, komm und befreie uns.

Sei hier zugegen, damit wir leben.
Sei hier zugegen, stark wie ein Feuer.
Flamme und Leben, Gott bei den Menschen.
Komm und befreie uns, damit wir leben.
Komm uns zu retten wie Licht in der Frühe.
Komm wie der helle Tag, Licht unsern Augen.

Sei hier zugegen mit Deinem Leben,
in unsrer Mitte, Gott bei den Menschen.
Herr aller Mächte, Gott für die Menschen.
Zeig uns Dein Angesicht, gib uns das Leben.
Oder bist Du, o Gott, ein Gott der Toten?
Gott, sei uns nahe, damit wir leben.

Oder bist Du, o Gott, kein Gott der Menschen?
Komm und erleuchte uns, komm und befreie uns.
Du Licht am Morgen, komm und befreie uns.
Gott für uns alle, heute und morgen.
Tausend Geschlechter währt Deine Treue.
Du bist auch heute ein Gott für die Menschen.

Du bist uns nahe seit Menschengedenken.
Gott, Du bist heilig. Wer kann Dich sehen?
Unendlich fern von uns und doch so nahe.
Doch Du bist nicht der Gott, den wir uns denken,
lässt Dich nicht finden, bist wie ein Fremder,
und Deine Torheit ist weiser als Menschen.

Und Deine Ohnmacht ist stärker als Menschen.
Wer bist Du, Gott? Wie ist Dein Name?
Heiliger Gott, unsterblicher Gott.
Sei hier zugegen, lass uns nicht sterben.

Gott, was ist ohne Dich für mich der Himmel?
Gib Deinen Namen uns, ein Zeichen des Lebens.

Wenn Du nicht da bist, was soll ich auf Erden?
Sei Du uns gnädig und hab Erbarmen.
Sei unser Atem, sei Blut in den Adern.
Sei unsere Zukunft, sei unser Vater.
Denn in Dir leben wir, in Dir bestehen wir.
In Deinem Licht können wir sehen. …

Lass uns nicht fallen zurück in den Staub.
Send Deinen Geist aus, Neues zu schaffen.
Flamme des Lebens, Licht unsres Lichtes.
Send Deinen Geist aus, neu uns zu schaffen.
Tiefe des Herzens, Licht unsres Lichtes.
Send Deinen Geist aus, neu uns zu schaffen. …

An diesem Ort sei unser Friede.
In unsern Häusern wohne der Friede.
Auf unsern Tischen Brot für den Frieden.
Für unsre Kinder sei Du die Zukunft.
Licht der Verheißung, Menschen in Frieden.
Wie lange müssen wir noch auf Dich warten. …

Auf Dich vertrauen wir, auf den Lebendigen.
Könntest Du jemals Vertrauen enttäuschen?

(Huub Oosterhuis, aus dem Holländischen übertragen von Lothar Zenetti © Christophorus Verlag in der Verlag Herder GmbH)

Das Dankgebet

Das Dankgebet ist im Grund ebenso einfach wie das Bittgebet, doch kann es – anders als die Bitte – kaum »entgleisen«. Wenn es vermutlich dennoch seltener vorkommt, dann liegt das an unserer sehr menschlichen Undankbarkeit, oder genauer: an unserer mangelnden Aufmerksamkeit für das, wofür wir allen Grund zum Danken hätten. Denn während uns jedes Unglück schmerzlich bewusst wird, nehmen wir das Glück gern als selbstverständlich hin. Wenn ich mit Zahnschmerzen erwache, bin ich unglücklich und beklage mich, wenn ich – wie fast immer – ohne Schmerz aufwache, so überrascht mich das nicht und ich muss mir erst bewusst machen, dass dies nicht selbstverständlich ist. Denn das bedeutet Danken, im Alltag wie im Gebet: nichts von dem, was mir geschenkt wird, für selbstverständlich halten. Danken hat viel mit Staunenkönnen zu tun, mit Aufmerksamkeit für die täglichen Wunder. Darum ist es eine »geistliche Übung«, jeden Abend für drei »Dinge«, Erfahrungen, Begegnungen zu danken. Diese aufmerksame Dankbarkeit scheint mir wichtiger als eine (gewiss auch nicht falsche) »Gewissenserforschung«, die mir meine heutigen Lebensverfehlungen bewusst macht.

Je mehr ich meine Seele weiten kann und meinen Horizont, umso mehr nähert sich der Dank für den glücklichen Tag der lobenden Zustimmung zu jedem Tag an. Und im größten Dankgebet der Christenheit, der Eucharistie, verschmelzen Dank und Lob.

Ein Dankgebet, eigentlich ein Danklied hat sich mir in meinen Kindertagen, die in die Konzilszeit fielen, in Herz und Seele gebrannt. Es war die erste »moderne«, schwungvolle, meinem Lebensgefühl entsprechende Melodie, die ich »vor Gott« singen durfte – noch nicht im Schulgottesdienst, da war das Lied noch als »evangelisch« verboten, wohl aber bei den Wölflingen, der Kindergruppe der Pfadfinder. Der Text mag sehr schlicht sein, für mich ist er dennoch bis heute eine von Herzen kommende und zu Herzen gehende Einladung zur Dankbarkeit.

Danke für diesen guten Morgen,
danke für jeden neuen Tag.
Danke, dass ich all meine Sorgen
auf Dich werfen mag.

Danke, für alle guten Freunde,
danke, o Herr, für jedermann.
Danke, wenn auch dem größten Feinde
ich verzeihen kann.

Danke für meine Arbeitsstelle,
danke für jedes kleine Glück.
Danke, für alles Frohe, Helle
und für die Musik.

Danke für manche Traurigkeiten,
danke für jedes gute Wort.
Danke, dass Deine Hand mich leiten
will an jedem Ort.

Danke, dass ich Dein Wort verstehe,
danke, dass Deinen Geist du gibst.
Danke, dass in der Fern und Nähe
Du die Menschen liebst.

Danke, Dein Heil kennt keine Schranken,
danke, ich halt mich fest daran.
Danke, o Herr, ich will Dir danken,
dass ich danken kann.

Text: Martin Gotthard Schneider © by Gustav Bosse Verlag, Kassel

Das Klagegebet

Das Klagegebet ist in der jüngeren Geschichte der Christenheit fast vergessen worden, im biblischen Gebetbuch, dem Buch der Psalmen, aber besonders stark vertreten. Auch in der jüdischen Tradition wurde die Klage vor, ja gegen Gott immer wieder laut. Was meines Wissens Martin Buber als erster geschrieben hat, haben mir jüdische Gesprächspartner oft wiederholt: »Man kann Jude sein mit Gott und gegen Gott, nur nicht ohne Gott.« Die Klage »gegen Gott« oder – aufgeklärt gesagt – gegen das von mir gerade empfundene Bild von Gott ist ein »Fegefeuer«, eine Reinigung und Läuterung. In der Klage kann ich meinen »Seelenschmerz« unzensiert aussprechen, sogar vor Gott als dem, der doch das Gute für mich will und ist. Und ich kann dann vielleicht mein beklagtes Schicksal etwas loslassen, es Gott überlassen. Aber die Klage ist auch ein »Fegefeuer« für mein Bild von Gott, das sich vielleicht gerade da wandelt und weitet, wo es mich herausfordert, mir unverständlich bleibt, mich schmerzt. Dieser doppelte Klärungsprozess kann etwas Heilsames haben, und es ist gewiss nicht Schönfärberei, wenn in den Klagepsalmen dann der Betende wieder aus seiner Verzweiflung herausfindet – mit einer Ausnahme. Der 88. Psalm endet mit dem mich erschütternden Satz: »Meine Vertraute ist nur noch die Finsternis!« Und so bitter dieses Ende ist, so gut und

»Ich gebe auf, ich will nicht länger leben! Lass ab von mir. Nur ein Dunst sind ja meine Tage. Was ist der kleine Mensch, dass Du groß auf ihn achtest, dass Du Dein Herz auf ihn richtest, ihn musterst an jedem Morgen, ihn prüfst in jedem Augenblick? Wann endlich siehst Du weg von mir, lässt mich los für einen Speichelschluck. Hab ich gesündigt? Was macht denn Dir das aus, Du Menschenwächter? Warum nimmst Du mich Dir vor als Ziel, dass ich mir selber nur noch Last bin?« (Hiob 7,15–20)

wichtig finde ich, dass auch der unversöhnte Schmerz, die nicht aufgelöste Klage Raum hat in der Bibel und vor Gott.

Klagen heißt nicht jammern über eigenes Unglück. Im Klagegebet weigere ich mich, Gott zu schnell zu versöhnen mit dem herrschenden Elend und die Welt einfach hinzunehmen, wie sie ist. Klage ist Christenpflicht angesichts von »himmelschreiendem Unrecht«, aber auch Christenrecht, wenn wir nicht mehr weiter wissen und können. Im Glauben an das letzte »Ja und Amen« Gottes zu mir und dieser Welt kann und muss ich nicht zu allem Ja und Amen sagen, was mir widerfährt oder das über unsere Welt hereinbricht. Ein jüdisches Sprichwort sagt: »Es ist alles gottgeben, aber längst nicht alles gottgewollt!« Den theologischen Widerspruch, der in dieser Frage nach der Rechtfertigung Gottes angesichts des Leides liegt, kann ich nicht gedanklich auflösen, aber ich kann und darf meine innere Widersprüchlichkeit, meinen »Gottesschmerz«, ein Gefühl der Gottverlassenheit, wo es mich überfällt, klagend Gott mitteilen und es mit ihm teilen – und so vielleicht schon erste Schritte aus der erfahrenen Verlassenheit tun.

Wir dürfen klagen. Aber die Klage ist ein starkes Schmerzmittel. Es ist nicht gut, es zu oft und zu schnell einzusetzen. Loben und danken kann man gar nicht genug – nicht um Gottes, sondern um der eigenen Seele willen. Mit dem Bitten sollten wir vorsichtig sein und wissen, was wir tun. Und die Klage sollten wir uns sparen für unsere »Ölberg-Stunden«, wenn wir wirklich nicht mehr wissen, wie es weitergehen soll mit uns, mit uns lieben Menschen, mit unserer von Krisen, Krieg und Katastrophen heimgesuchten Welt.

Als Beispiel für ein Klagegebet möchte ich hier noch einmal das schwärzeste Gebet der Bibel anführen, den oben erwähnten 88. Psalm. So trostlos er wirken mag – der Beter weiß doch immerhin, wem er seine Trostlosigkeit klagen kann.

Du Einer, Gott meiner Befreiung!
Tagsüber schrei ich zu Dir und bei Nacht.
Lass meinen Hilfeschrei zu Dir dringen,
neig Dein Ohr meiner Klage!
Denn gesättigt ist meine Seele mit Leid,
mein Leben ist an die Hölle gelangt.
Ich zähle zu denen, die im Abgrund versinken,
bin zum Mann ohne Selbstbewusstsein geworden,
erledigt wie einer der Toten,
wie die Erstochenen, die Begrabenen,
an die Du nicht mehr denkst –
sie sind doch abgeschnitten von Deiner Hand.
Du hast mich in den tiefsten Abgrund gebracht,
in Finsternisse, in einen Strudel.
Auf mich hat sich Dein Grimm gestemmt,
all Deine Wogen brechen über mich herein.
Meine Vertrauten hast Du mir entfremdet,
Du hast mich ihnen zum Abscheu gemacht.
Im Kerker bin ich und kann nicht heraus.
Vor Elend wird mein Auge blind.
Ich rufe dich, Du Einer, alle Tage,
strecke nach Dir meine Hände aus.
Wirst Du an den Toten ein Wunder tun,
oder werden Gespenster aufsteh'n, um Dir zu danken?
Wird von Deiner Liebe im Grab erzählt,
in der Hölle von Deiner Treue?
Sind in der Finsternis Deine Wunder zu erkennen,
im Lande des Vergessens Deine Gerechtigkeit?
So also stöhne ich, Du Einer, zu Dir,
am Morgen erwartet Dich schon mein Gebet.
Warum, Du Einer, wirfst Du meine Seele weg
und verbirgst Dein Gesicht vor mir?
Gebeugt bin ich und am Sterben von jung auf,

Deine Schrecken hab' ich getragen, ich bin zerrüttet.
Über mich sind Deine Flammen gefahren,
Deine schrecklichen Schläge vernichten mich.
Sie umfluten mich den ganzen Tag wie Wasser,
sie schlagen über mir zusammen.
Du hast mir die Freunde und Gefährten entfremdet,
meine Vertraute ist nur noch die Finsternis

In der Schule der Beter Israels

Staunen und Schrecken öffnen den Menschen das Herz, und wovon ihr Herz voll ist, fließt ihr Mund über, auch im Gebet, in Lob und Bitte, Dank und Klage. Aus dem Herzen kommt das Gebet – wie im Märchen – und aus der Seele, nicht aus dem distanzierten Nachdenken über Gott und die Welt. Und die Beter sind nicht Begreifende, sondern Ergriffene, ergriffen nicht unbedingt von Gott, aber von dem, was sie beglückt und erfüllt, rührt und aufwühlt.

Es ist wichtig, dass wir die biblischen Gebete so verstehen: als Herzensanliegen, nicht als Theologie. Sie sagen nicht, wie Gott ist, sie sagen, wie der Betende sich vor Gott erfährt. Dabei war auch den Betern der Bibel auf »voraufgeklärte« Weise und längst vor der »anthropologischen Wende« klar: »Gott ist größer als unser Herz.« Aber die Betenden sprechen wie die Dichter vom »Sonnenaufgang«, vom Gottesaufgang oder auch von der Gottesfinsternis, die sie erleben, ohne mit persönlicher Distanz die kosmischen Bedingungen zu reflektieren, die wir als Aufgang und Untergang der Sonne wahrnehmen.

Wer, um sein Herz zu öffnen, bei den Betern Israels in die Schule gehen will – und ich kann das jedem nur anraten –, der muss zu den Psalmen greifen. Diese Liedersammlung, vor mehr als 2000 Jahren zusammengestellt und in Teilen noch deutlich früher niedergeschrieben, ist das älteste und wichtigste Gebetbuch der Menschheit, zumindest der Christenheit und selbstverständlich noch länger des jüdischen Volkes. Für meine erwachsene Wiederentdeckung des Betens waren die Psalmen oder genauer: die biblische »Gebetslyrik«, die sich nicht nur im Buch der Psalmen findet, die entscheidende Gebetsschule, weil sie zugleich sehr weltlich wie auch sehr poetisch ist. Die Psalmen sind keine frommen »Kopfgeburten«, sie bringen nicht nur ins Wort, wie man politisch und theologisch korrekt denken sollte, sondern sie sprechen aus, was Menschen am Herzen und auf der Seele liegt. Und zugleich segnen sie nicht einfach das ab, was aus uns hervorbricht, sondern brechen es immer wieder auf mit dem weiten Horizont des Himmels.

Eine Buchmalerei aus einer mittelalterlichen Bibelhandschrift, dem »Stuttgarter Psalter«, führt diesen Charakter der Psalmen vor Augen: Sie sind nicht nur Hinwendung zu Gott, sondern oft auch ein innerer Klärungsprozess vor Gott, eine Auseinandersetzung mit den eigenen inneren Spannungen im Licht des Himmels.

Auf dieser Buchmalerei sehen wir den Psalmisten mit seinem Instrument. Er singt und spielt – freilich noch ohne direkten Blickkontakt – für eine auf einem Hügel kauernde und ziemlich niedergedrückt wirkende Gestalt. Niedergedrückt, am Boden und welk ist auch die Pflanze zu Füßen von Gestalt und Hügel, während sich rechts davon ein Baum kraftvoll in die Höhe reckt.

Die ins Bild eingetragene Schrift macht klar, was uns der Maler zeigen will: Der Psalmist singt für seine »*anima*«, seine

»Wie der Hirsch, der am trockenen Bachbett schreit, so schreit meine Seele, Gott, nach Dir. Meine Seele dürstet nach Gott, nach dem Gott, der wirklich lebt. Wann darf ich kommen und Gottes Angesicht schauen?« (Psalm 42)

Seele, die am Boden liegt und die sich wieder so aufrichten und so aufblühen soll wie der Baum.

Die Bildersprache der Psalmen ist so urtümlich und eingängig, uns so tief eingebildet wie die der Märchen. Doch trotz ihrer Anschaulichkeit, prallen Lebendigkeit und existenziellen Tiefe sind und bleiben die Psalmen und Gebete Israels Zeugnisse aus alten und damit auch fernen und oft fremden Zeiten. Darum möchte ich wenige kurze Hinweise geben, die helfen können, ihre Wahrheit und Schönheit zu verstehen.

Die Psalmen nachbeten: Lebens- und Glaubenserfahrungen teilen

Es gibt zunächst zwei gegensätzliche, aber gleich gute Gründe, die Psalmen nachzubeten: In ihnen kommen Lebens- und Glaubenserfahrungen zur Sprache, die uns vermutlich vertraut sind – Glück und Schmerz, Geborgenheit und Zweifel. Aber sie bringen auch Lebens- und Glaubenserfahrungen zur Sprache, die uns noch oder im Augenblick fremd sind, und damit erweitern sie unseren inneren Horizont.

Die Psalmen nehmen mich hinein in eine weltweite und über viele Generationen reichende Gemeinschaft von Betenden. So wie ich in alten Kirchen oft zu spüren meine, dass dieser Ort seit Jahrhunderten Menschen heilig ist und durchdrungen von ihrer Ehrfurcht und Andacht, so fühle ich mich, wenn ich einen Psalm bete, verbunden mit den unzähligen Menschen, die seit alten Zeiten diese Worte vor und zu Gott gesprochen haben, und mit unzähligen, die das auch heute tun. Einen Psalm bete ich immer in Gemeinschaft, selbst wenn ich äußerlich allein im Zimmer oder auf weiter Flur bin.

Die Psalmen bringen mich aber nicht nur in Verbindung mit unzähligen Betenden, sondern auch mit ihrer Glaubensweisheit. Not, das habe ich schon vorher behauptet, lehrt zumeist nicht beten, sie lehrt manchmal feilschen und oft macht sie eher stumm. Aber wenn uns Not oder auch Glück die Sprache

»Zu wunderbar ist für mich dieses Wissen, zu hoch, ich kann es nicht fassen. Wohin soll ich gehen, weg von Deinem Geist, wohin fliehen vor Deinem Gesicht? Steig ich hinauf bis zum Himmel – dort bist Du, bette ich mich in der Hölle – Du bist auch da. Würd' ich die Flügel der Morgenröte erheben, ließ' ich mich nieder am Ende des Meeres, auch dort würde Deine Hand mich ergreifen, würde Deine Rechte mich fassen.« (Psalm 139)

verschlägt, dann können wir uns die Worte und die Weisheit anderer borgen. Denn alle großen Erfahrungen haben auch Menschen vor uns gemacht. Darum liebe ich Gedichte und Märchen, aber auch die Psalmen. Denn Gebete, die wie die Psalmen getränkt und gesättigt sind mit Leben, verdichten menschliche Urerfahrungen nicht nur, sondern lassen sie auch los, überlassen sie Gott.

Die Psalmen sprechen vom wirklichen Leben, nicht von einem theologisch oder moralisch zensierten Lebensverschnitt. Darum werden in ihnen all unsere Gefühle laut: Jubel und tiefe Zufriedenheit, aber auch reichlich Klage und Verzweiflung, ohnmächtige Wut und manchmal der nicht unproblematische Wunsch nach Rache. Wer solche Erbitterung und Aggression »alttestamentlich« ausspricht und damit Gott vor- und überträgt, der wird möglicherweise mit ihr besser fertig als der, der sie zu schnell als »unchristlich« verdrängt. Denn wo wir Gefühle nicht zulassen und dann Gott überlassen, können sie uns innerlich vergiften – wir bleiben unerlöst, von ihnen besessen.

Allerdings muss klar sein, dass wir betend unsere dunklen Gefühle loslassen und uns nicht weiter in sie hineinsteigern oder sie gar religiös legitimieren. Denn etwas auszusprechen bedeutet nicht immer, es loszuwerden. Ich kann mich auch in meine Wut, meinen Hass hineinsteigern, wie etwa die Hassgesänge der rechtsradikalen Szene zeigen. Und mir selbst ist es heute nicht mehr möglich, die (nicht zu zahlreichen) Hass- und Racheverse vor Gott zu tragen, weil ich – sicher nicht nur aufgrund menschlicher Reise und christlicher Prägung, sondern auch aufgrund eher glücklicher Lebensumstände – keinen Menschen hasse. Ich finde es darum ganz in Ordnung, wenn auch in der christlichen Gebetstradition manchmal einzelne Racheverse aus einem Psalm weggelassen wurden.

Die wichtigste Einsicht zum angemessenen Verstehen der Psalmen ist jedoch, dass sie Gebete sind und nicht Theologie. Sie sprechen – anders als die biblischen Hymnen – nicht theologisch angemessen und reflektiert über Gott, sie sprechen das Lebensgefühl und die mitunter ambivalente Gotteserfahrung der Betenden aus. Psalmen sprechen nicht über Gott, sie werden vor und zu Gott ausgerufen. Eine Aussage über Gott kann ich »aufklären«, »anthropologisch wenden«, bedenken und reflektieren, was sie (auch) sagt über eine menschliche Erfahrung. Und ich kann diese Gotteshoffnung ins Gebet fassen, sie nicht reflektiert, sondern poetisch aussprechen. Ich möchte das an zwei kurzen Beispielen zeigen: Die theologische Wahrheit: »Gott ist unfassbar, unbedingt transzendent« könnte man

In ihre heutige Form gebracht wurden die **Psalmen** *zumeist zwischen 500 und 200 v. Chr. durch die Sänger des Jerusalemer Tempels. Oft wuchsen bewährte Stoßgebete und Gebetsformeln zu längeren Liedern zusammen (den sogenannten rhetorischen Psalmen), aber es gibt auch Psalmen, die wohl auf Glaubenserfahrungen eines Beters zurückgehen (man nennt sie poetische Psalmen), in denen sich aber viele andere betend wiederfanden. Die Sprache der Psalmen ist altorientalisch-bildhaft und doch bis heute ansprechend, einprägsam. Ihre poetische Form ist eine Doppelzeiligkeit: Die klassischen Psalmen sprechen meist »in Stereo«, das heißt, der Gedanke des ersten Verses wird im dazugehörenden zweiten Vers mit anderen Worten noch einmal gesagt.*

»Ja, schnell ist's vorbei, und wir fliegen davon. Wer begreift die Gewalt Deines Grimms und wie Du zu fürchten bist in Deiner Empörung? Unsere Tage zu zählen, das lehre uns, damit wir ein Herz voll Weisheit erlangen.« (Psalm 90)

in die reflektierte menschliche Erfahrung übersetzen: »Wir Menschen sind nicht in der Lage, Gott wirklich zu verstehen, Gott ist größer als unser Herz.« Ins Gebet gebracht kann diese Erfahrung sich auch als Klage aussprechen: »Mein Gott, mein Gott, warum hast du mich verlassen?«

Die Grundwahrheit des Christentums: »Gott ist die Liebe« heißt aus menschlicher Perspektive: »Wir können von Gott nie mehr verstehen als da, wo wir lieben!« Ins Gebet gebracht könnte sie lauten: »Am Morgen denke ich an Dich, Herr, Deine Liebe ist mein Leben!«

Alle drei Annäherungen an das Gottesgeheimnis – die theologische, die anthropologische und die betende – sind gut und wichtig, sie stehen nicht in Konkurrenz zueinander, sondern wiederholen im Grunde, was die christliche Theologie über Gott sagt, dass er nämlich dreifaltig ist, uns mit drei Gesichtern, auf drei Ebenen begegnet: in der Erinnerung und Bewahrung der zum Glaubenssatz verdichteten Gotteskunde der Kirche, in der »aufgeklärten« (Selbst-)Reflexion über den menschlichen Anteil dieser Aussage, die eine göttliche und eine menschliche »Natur« hat, und in der begeisterten, poetischen, unmittelbaren Zuwendung im Gebet, die ebenso oder ebenso wenig »naiv« ist wie die Freude der Eltern, die in ihrem Neugeborenen das »schönste Kind der Welt« erkennen.

Das »Höre, Israel«

Die Psalmen sind sicher die wichtigste Gebetstradition des Alten oder Ersten Testamentes. Ich möchte aber auch noch auf ein Gebet hinweisen, das eigentlich gar keines ist und doch

Das ***»Höre, Israel«*** *ist das zentrale Glaubensbekenntnis des Judentums und das älteste Bekenntnis in der Bibel zum einen Gott Israels. Seit Jahrtausenden beten Juden es als Morgen- und Abendgebet, oft auch am Totenbett eines Menschen. Es ist für sie das Zeugnis der unbeirrbaren Treue des jüdischen Volkes zu Gott, durch alle Jahrtausende hindurch, in friedlichen und erst recht in Zeiten der Verfolgung.*

zum Morgengebet der orthodoxen Juden wurde: das »*Sch'ma Jissrael*«, das »Höre, Israel«.

Es ist zunächst gar nicht zu Gott gesprochen, sondern wird im sechsten Kapitel des Buches Deuteronomium oder des fünften Buches Mose als Abschiedsrede des Mose an das Volk vorgestellt. Aber dieses Gebet erinnert Israel und alle, die mit der Bibel glauben und beten, an das, was unsere Gotteshoffnung und -beziehung ausmacht. Es ist ein Glaubensbekenntnis, und Beten bedeutet nicht nur, Gott mein Herz auszuschütten, sondern mir noch einmal ausdrücklich in Erinnerung zu rufen, was die Gotteshoffnung der Bibel, der Kirche, der Christen ist.

Wenn ich dieses Gebet spreche, dann verbinde ich den Anfang dieser Mose-Rede noch mit ihrem Abschluss, der in der Bibel viele Seiten und Kapitel später steht, nach zahlreichen »Durchführungsbestimmungen«. So wird es für mich zu einer entscheidenden Gotteserinnerung:

Deuteronomium 6,4 ff.:

Höre, Israel:
Einer, unser Gott, einzig Einer ist's!
Darum liebe Einen, deinen Gott,
mit deinem ganzen Herzen,
mit deiner ganzen Seele,
mit deiner ganzen Kraft.

Diese Worte, auf die Ich dich heute verpflichte,
schreibe sie dir ins Herz.
Präge sie deinen Kindern ein.
Sprich davon, wenn du zu Hause sitzt
und wenn du auf dem Weg bist,
wenn du dich niederlegst und wenn du aufstehst.
Knote sie zum Zeichen an deine Hand,
lass sie gebunden sein um deine Stirn,
schreibe sie an die Pfosten deines Hauses
und in deine Tore!

Deuteronomium 30,11 ff.:
Denn dies Gebot, das ich dir heut' gebiete,
nicht entrückt ist es, nicht fern.

Nicht im Himmel ist es, dass du sagen müsstest:
Wer steigt für uns zum Himmel auf und holt es uns
und gibt es uns zu hören, dass wir es tun?
Nicht hinterm Meer ist es, dass du sagen müsstest:
Wer fährt für uns über das Meer und holt es uns
und gibt es uns zu hören, dass wir es tun?
Nein, ganz nah ist dir das Wort,
in deinem Mund und in deinem Herzen,
dass du es tust.
Sieh doch! Heute geb' Ich es dir vor:
das Leben und das Gute –
den Tod und das Böse,
den Segen und den Fluch.
Wähle das Leben!

»Höre, Israel!« So beginnt das Glaubensbekenntnis, das Gebet. Obwohl wir ja sprechen, soll das Sprechen eine Form des Hörens sein. Es geht im Glauben Israels, es geht beim biblischen Beten nicht zuerst um unsere Fragen, die dann gefälligst beantwortet werden – vielleicht frage ich schon in die falsche Richtung. Es geht zuerst ums Hören, um die Erinnerung einer mir zugesagten Wahrheit. Dabei geht es nicht um die laute Stimme menschlicher Autorität, die »von außen« Gehorsam fordert, sondern um die leise Gottesstimme, deren Resonanzboden unser Herz ist.

Zuerst also »*höre*, Israel«, nicht »sprich, Israel«. Und nicht »sieh«, »begreife«. Gehörtes bleibt uns immer sehr viel innerlicher als von außen Betrachtetes. Und zugleich ist der Hörsinn die erste Wahrnehmung im Mutterleib und wohl auch die letzte auf dem Sterbebett. »Höre, Israel.« Darum ist es gut, wenn irgend möglich laut zu beten, mich ganz sinnlich zugleich als Sprechender und Hörender zu erfahren.

Und »höre, *Israel*«. Ich bete nicht anonym, sondern habe einen Namen. Aber dieser Namen trennt mich nicht von anderen, sondern verbindet mich mit einer ganzen Geschichte. Letztlich bete ich nie allein, nie nur für mich, sondern immer in einer gewachsenen und ständig über sich hinauswachsenden, glaubenden und betenden Gemeinschaft.

Dann wird uns der Auftrag mitgeteilt. Den Einen *zu lieben* mit dem ganzen Herzen, mit unserer ganzen Nachdenklichkeit, mit der ganzen Seele, unserer ganzen Sehnsucht, mit der ganzen Kraft, mit allen Fähigkeiten und Begabungen. Biblischer Gottesglauben ist eine Liebeserklärung des Himmels an die Erde, biblisches Beten die Antwort der Menschen.

Und diese Liebeserklärung sollen wir nicht im vagen Gefühlsbereich lassen, wir sollen sie festigen. Einmal, indem wir sie uns ins Herz schreiben – *to learn by heart*, nennt das die

»Sieh doch! Heute gebe Ich es dir vor: das Leben und das Gute – den Tod und das Böse, den Segen und den Fluch. Wähle das Leben!« (Deuteronomium 30,19)

englische Sprache. Wir sagen dazu meist »auswendig lernen«, die Märchenerzähler jedoch »inwendig lernen«. Andererseits aber auch, weil biblischer Glaube nie nur Selbsterfahrung ist, indem wir diese Liebeserklärung weitergeben an unsere Kinder, an kommende Generationen. Natürlich geht es dabei nicht um eine religiöse Erziehung, die den Namen Gottes missbraucht als Hilfsmittel und Verstärkung elterlicher Autorität. Aber wer Glauben nicht weitergibt, nicht mit anderen teilen will, hat ihn entweder nicht wirklich lieb gewonnen oder er ist ein Geizhals. Fulbert Steffensky hat mit einem wunderbaren Wort beschrieben, was diese »missionarische« Aufgabe bedeutet: »Mission«, schrieb er, »heißt zeigen, was wir lieben!«

Die nächsten Bilder des »*Sch'ma Jissrael*« zeigen, dass Glauben (und Beten) ein Prozess ist, mit Phasen der Selbstfindung und solchen des Fortschrittes, mit Zeiten der Ruhe und des Aufbruchs, verbunden mit Hand und Handeln, mit Stirn und Denken, gegenwärtig an den Stützpfeilern des Hauses, meines privaten Lebens, und in den Toren, dem öffentlichen Leben, wo damals Recht gesprochen und Politik gemacht wurde.

Am Ende weist das »*Sch'ma Jissrael*« uns darauf hin, wo wir das Wort und die Antwort suchen sollen. Nicht im Himmel, in der Transzendenz, wo nur Heilige und Erleuchtete einen Zugang finden. Nicht hinter dem Meer, jenseits des »garstigen Grabens der Geschichte«, wohin nur die Experten reisen können, sondern in unserem Herzen. Dann kommt das Hören und Beten an sein Ziel, wenn wir Gott als unsere »Herzenssache« entdecken und in dieser Verbindung und Verbundenheit das Leben wählen, auf die Seite des Lebens treten gegen die

»Höre, Israel: Einer, unser Gott, einzig Einer ist's! Darum liebe Einen, deinen Gott, mit deinem ganzen Herzen, mit deiner ganzen Seele, mit deiner ganzen Kraft. Diese Worte, auf die Ich dich heute verpflichte, schreibe sie dir ins Herz.« (Deuteronomium 6,4f.)

tausend Tode. Wir können uns für ein Leben unter dem Segen des Himmels und als Segen für die Erde entscheiden.

Das Grundgebet der Christen: das Vaterunser

Die Psalmen sind Gebete, die wir Christen aus der alttestamentlich-jüdischen Tradition übernommen haben. Das Grundgebet der Christen, der Maßstab und die Gegenprobe zu all unserem Beten ist aber das Vaterunser, das »Gebet des Herrn«. In diesem Gebet wird verdichtet und erbeten, was uns zu Christen macht und was wir – betend und lebend – lernen, wenn wir bei Jesus »in die Schule gehen«, wenn wir uns – betend und lebend – hineinnehmen lassen in sein Gottvertrauen.

Denn wenn Christen zu Gott als dem guten Grund der Welt und dem Grund ihrer Hoffnung beten, so tun sie das immer in Verbindung mit Jesus von Nazaret, den wir den »Sohn Gottes« nennen, weil er uns vorgelebt hat, wie und wo Gott für uns ist. Christsein bedeutet, die uralte und urmenschliche Gotteshoffnung unauflöslich zu verbinden mit der Geschichte von Leben und Sterben Jesu und mit dem Wunder seiner Bewahrung und Bestätigung, das wir Auferstehung nennen. Anders gesagt: Christen können auf Dauer nicht von Gott sprechen, ohne von Jesus zu erzählen. Und sie können nicht von Jesus erzählen, ohne zugleich von Gott zu sprechen. Die dreifache Wirklichkeit Gottes, die wir mit dem Begriff »Dreifaltigkeit« eher andeuten als definieren, prägt so auch das christliche Beten: Dass Gott mit uns und unter uns ist, erkennen wir in Jesus; durch Jesus ermutigt, angeleitet und berechtigt vertrauen wir uns Gott an, der immer auch »über uns« ist, zugleich unfassbares Geheimnis und väterlicher Grund allen Lebens; und wenn wir uns – betend und lebend – vertrauensvoll mit diesem Grund und Geheimnis verbinden, so ist Gott selbst mit uns

Das **Vaterunser** *findet sich in zwei Versionen im Neuen Testament: In Matthäus 6,5-15 und Lukas 11,2-4. Die durch den Gottesdienst und die Tradition bekanntere Version ist die aus dem Matthäusevangelium, von dem die lukanische Version im Wortlaut in einigen Bitten abweicht. Zudem endet das Gebet bei Lukas mit der Bitte: »Und führe uns nicht in Versuchung.« Im Matthäusevangelium lehrt Jesus sozusagen von sich aus seine Jünger dieses Gebet, eingebettet in weitere Unterweisungen, die das Beten betreffen. Lukas dagegen lässt die Jünger Jesus bitten: »Herr, lehre uns beten, wie auch Johannes seine Jünger gelehrt hat.«*

und durch uns wirksam als »Geist«, als Lebenskraft, die uns heil und heilig machen will und zu einem Segen.

So nimmt das »Herrengebet« die Christen mit hinein in den Fluss der Gotteswirklichkeit, selbst wenn wir die Worte gedankenlos sagen und nur wissen, dass wir dieses Gebet in den Spuren Jesu zu sprechen wagen. Aber wenn wir auch noch auf die Worte achten, so kann das Vaterunser eine verdichtete Anweisung sein für glückendes Leben, Glauben und auch Beten.

Ich halte viel davon, Gebete auswendig oder besser inwendig zu können. Und das Vaterunser ist das Gebet und der Teil der Bibel, den die meisten Christen noch »aus dem Kopf« kennen. Ich konnte es spätestens mit fünf Jahren aufsagen, gar nicht durch bewusstes Lernen, sondern durch häufiges Hören und Mitsprechen. Aber – und das ist der Nachteil einer wie selbstverständlichen Aneignung – über den Sinn der so unbewusst auswendig gelernten Worte habe ich mir sehr lange gar keine Gedanken gemacht, es dauerte noch Jahrzehnte, bis mir

»Das Unser Vater, ein schön Gebet, es dient und hilft in allen Nöten. Wenn einer auch Vater Unser fleht, in Gottes Namen, lass ihn beten!« (Johann Wolfgang von Goethe)

aufging, welche Schätze in diesem Gebet verborgen sind. Und nach meiner Erfahrung geht es nicht wenigen Menschen so.

Fünf Ratschläge, die helfen, dass unser Leben, Glauben und Beten glückt, hat Jesus uns mit diesem Gebet geschenkt. Da die gängige Übersetzung des Vaterunsers nicht ganz wortgetreu ist, möchte ich aber vor dem Nachdenken darüber zunächst den wörtlich übersetzten griechischen Text aus dem sechsten Kapitel des Matthäusevangeliums zitieren:

Unser Vater in den Himmeln!
Geheiligt werde Dein Name.
Dein Reich komme.
Dein Wille geschehe wie im Himmel auch auf der Erde.
Das Brot, das wir brauchen, gib uns heute.
Und vergib uns unsre Schulden,
wie auch wir vergeben haben unseren Schuldnern.
Und führe uns nicht in Versuchung,
sondern erlöse uns von dem Bösen.

Die ersten beiden Hinweise zum Glücken von Leben, Glauben und Beten, das der Gottesglaube Jesu schenkt, finde ich in Vers 9: »*Geheiligt werde Dein Name*«, heißt es da. Heiligen, das bedeutet in Ehren halten, ernst nehmen, aber auch aufleuchten lassen. Was aber ist der Name Gottes? Die Antwort ist so einfach, dass ich es lange Zeit einfach übersehen habe. Es geht hier nicht um den sicher wichtigen geheimnisvollen Gottesnamen JHWH, gedeutet als »Ich bin (da)«, der Israel im brennenden Dornbusch aufleuchtete. Der Gottesname, den Jesus uns zeigt und zu dem er uns beruft, ist: »Unser Vater«. Und darin liegt eine doppelte Erinnerung.

Ich bin ein Königskind! Ein Kind des einzig wahren Königs, kostbar und wertvoll, aber auch verantwortlich für meinen Auftrag. Vielleicht ist dieser Glaube an meine Königskindschaft ein Lichtstrahl, der auf mich fällt und mich ermutigt, unbekannte Wege zu wagen, vielleicht eher ein ferner Hoffnungsschimmer, der mich davor bewahrt, mich und mein Leben aufzugeben. Aber immer ist es ein Glück für mich, wenn ich mich an meine Krone erinnern kann.

Aber noch eine zweite Weisung zum Glück liegt im Gottesnamen: Es heißt nicht »mein Vater«, sondern »unser Vater«. Meine Königswürde macht mich nicht besser als die anderen, sondern gerade in meiner Königskindschaft, meiner Menschenwürde kann ich sie als meine Geschwister anerkennen. Ich muss meinen Wert nicht im Vergleich mit anderen und gegen sie behaupten, unser wahrer Wert trennt uns nicht, er verbindet uns.

»Unser Vater in Himmeln«, heißt es im griechischen Urtext, und nicht »im Himmel«. Die Weisen alter Zeiten wussten, dass der Himmel, den wir sehen, nur ein Bild ist für die Unfassbarkeit Gottes, für die Unfassbarkeit der Himmel hinter den Himmeln, der Wirklichkeiten jenseits unserer Vorstellungskraft. Wir können Gott nicht fassen, aber wir heiligen seinen Namen, lassen seine Wirklichkeit in unsere Welt hineinleuchten, wo wir als Königskinder und Geschwister leben, im Wissen um unsere eigene Würde und die aller Menschenkinder. Und so gilt auch für unser Beten: Es ist Erinnerung unserer Königskindschaft und unserer Geschwisterlichkeit. Es lässt mich den Kopf heben (nicht die Nase) und die Hände reichen.

Ich möchte noch einen Gedanken durchspielen, der auch mit diesem Gottesnamen verknüpft ist. Manche meinen, man müsse heute die Anrede »Vater« ergänzen oder gar ersetzen durch die Formulierung »unsere Mutter im Himmel«. Ich glaube, das ist nur politisch korrekt, aber symbolisch und

»Beten ist Atem holen aus Gott.« (Dietrich Bonhoeffer)

biblisch falsch. Ich glaube, dass Gott biblisch wohl als Vater, aber nie als Mutter vorgestellt wird, hat seine Berechtigung. Nur – und wieder müssen wir die religiösen Bilder »aufklären« – geht es nicht um irgendeinen Vorrang männlicher Menschen oder um eine Bestätigung patriarchalischer Macht. Gott ist kein Mann und die Männer sind keine Götter, und das Bekenntnis zu dem einen Vater begründet im Evangelium nicht die Verherrlichung all der vielen Väter, sondern ihre Entmachtung, ja Abschaffung: »Nennt niemanden Vater«, sagt Jesus, »einer ist euer Vater, der im Himmel!«

Und doch ist auf einer symbolischen Betrachtungsebene die Rede von Gott als Vater richtig. In alten Zeiten war die Vaterschaft nicht offensichtlich. Während die Mutterschaft leicht zu überprüfen war und noch in den mittelalterlichen Königshäusern durch hochrangige Zeugen bei der Geburt beglaubigt wurde, musste der Vater das Neugeborene ausdrücklich anerkennen, akzeptieren, adoptieren. In vielen vorchristlichen Kulturen hatte er durchaus das Recht, ein Neugeborenes auch ohne Zweifel an seiner biologischen Vaterschaft nicht anzunehmen.

Übertragen wir das nun auf das symbolisch-kosmische Weltverstehen. Ich habe noch keinen Menschen getroffen, der bezweifelte, dass wir Kinder der Mutter Erde sind. Aber dass wir Kinder des Vaters (im) Himmel sind, ist keineswegs so offensichtlich. Und wir sind seine Kinder auch nicht wie selbstverständlich, sondern weil wir von ihm angenommen sind.

Aber auch in einer anderen Hinsicht ist mir die biblische Rede von der Vaterschaft Gottes wichtig. Mutter, das ist im idealtypischen (nicht generellen) Erleben des Kindes vor allem Geborgenheit, Wärme, jemand, der all meine Bedürfnisse stillt. Ein Vater wird (zumeist) durchaus anders erlebt. Er stillt das Kind nicht, er unternimmt etwas mit ihm, bringt ihm etwa das Fahrradfahren bei. Ich weiß auch, dass Mütter, erst recht heutige Mütter all das auch können und tun, und doch gibt es noch immer recht große Unterschiede im Verhalten auch guter und liebevoller Mütter und Väter. Und die Bibel erzählt weniger eine Geschichte von Geborgenheit und gestillter Sehnsucht als eine Geschichte von Aufbrüchen, Abenteuern, von der Suche nach dem gelobten Land und dem verborgenen Schatz. Sicher gehört endlich beides zusammen – kein Mut ohne bergendes Vertrauen –, aber die Bibel erzählt doch eher von Herausforderung als von Betreuung.

Wenn wir auch das noch einmal auf unser Beten beziehen: Christliches Beten ist immer auch Erinnerung an die eigene Berufung, und Berufung hat diese zwei Seiten. Zum einen bin ich von Gott angenommen, erwählt, ich bin ihm wichtig, vor jeder Leistung schenkt er mir sein Vertrauen, einen Vertrauensvorschuss. Aber nicht nur ich vertraue ihm, auch er traut und mutet mir das Leben zu, schickt mich auf einen Weg durch die Welt. Beten ist nicht innerseelische Kuschelecke, kein regressives Reservat, nicht ein bisschen infantile Nostalgie, die ich mir gönne wie eine alte Kindersendung. Beten heißt auch: sich ins Leben schicken lassen. »*Ite missa est*«, mit diesem sehr treffenden Wort endete die alte Messfeier: Los! Ihr habt einen Auftrag.

Kommen wir zurück zum Text des Vaterunsers. Der Vers 10 sagt mit anderen Worten und Bildern noch einmal, was geschieht, wo Gottes Namens geheiligt wird. Aber im Vers 11 finde ich einen weiteren Hinweis zu unserem glückenden Leben, Glauben und Beten: »*Das Brot, das wir brauchen, gib uns heute.*« In diesem Hinweis geht es um eines der großen Menschen- und auch Märchenthemen: um das Wünschen und das (sich) Verwünschen.

»Reif ist die Zeit, und Gottes Reich zum Greifen nah! Weitet den Sinn und glaubt an den Freispruch (das Evangelium).« (Markus 1,15)

Dass man nicht um alles beten darf, habe ich schon zu begründen versucht. Wir dürfen und sollen um das beten, was so lebensnotwendig ist wie das Brot. Diese Bitte um das tägliche Brot ist aber nicht nur die bescheidene Bitte um das Lebensnotwendige, sondern auch eine Bitte, die mich von niemandem trennt. Brot wünsche ich jedem. Doch Wünsche und Gebete, die uns von anderen trennen, ja, sich gegen sie richten, werden zur Verwünschung, die uns unglücklich macht.

Vers 12 klingt im allgemein gesprochenen Vaterunser deutlich anders als im Urtext: Es geht um die Schulden, das, was mir immer wieder misslingt, was ich falsch mache, nicht um die Erbschuld, das »Leben in Sünde«, das ein Wesensmerkmal menschlichen Daseins ist. Und im griechischen Text wird vorausgesetzt, dass wir denen vergeben haben, die uns etwas schuldig geblieben sind, bevor wir den Himmel um Vergebung bitten. Das ist rein theologisch eher falsch. Gottes Gnade und Vergebung geht unserer Güte und Vergebungsbereitschaft voraus. Aber ein Gebet will ja nicht theologisch korrekt über Gott sprechen, sondern verdichtet Herzensanliegen aus der Erfahrungsperspektive des Menschen vor Gott. Und ein Mensch, der anderen niemals etwas vergibt, der alle Fehler anderer kleinlich aufrechnet und nachträgt, der kann nicht an einen großzügigen Himmel glauben. Ab und an großzügig zu sein, zumindest Großzügigkeit zu üben, ist die Voraussetzung dafür, dass ich an einen großzügigen Himmel über mir glauben kann. Christliches Beten muss uns großzügiger machen, weitherziger, wohlwollender gegenüber anderen und gegenüber uns selbst.

Die Schutzmantelmadonna ist ein wunderbares Sinnbild dieser Großzügigkeit. Wie weit ist dein Mantel, fragt mich dieses Bild, und wie weit ist dein Herz? Nur wer einen nicht zu engen Mantel trägt, kann sich unter einem weiten Himmelsmantel glauben.

»Da trat Petrus zu ihm und fragte: Herr, wenn mein Bruder sich gegen mich verfehlt, wie oft muss ich ihm vergeben? Bis zu siebenmal? Jesus antwortete ihm: Ich sage dir: nicht bis zu siebenmal, sondern bis zu siebenundsiebzigmal.« (Matthäus 18,21.22)

Bleibt noch der 13. und für viele schwierigste und anstößigste Vers: »*Führe uns nicht in Versuchung.*« Will Gott uns in Versuchung führen? Als Theologe habe ich da meine Zweifel. Aber es ist ja ein Gebet, keine Theologie, und wir müssen wieder aus der Perspektive des Menschen nach der uns hierin bewahrten Wahrheit fragen.

Der Glaube an Gott kann uns Menschen zweifellos in Versuchung führen, sogar auf doppelte Weise, durch Fanatismus wie durch Fatalismus. Die fanatische Versuchung ist, sich so sehr mit Gott zu identifizieren, dass Menschen sich selbst absolut setzen und sich gegen jede kritische Nachfrage »immunisieren«. Solche »Gottesmänner« gab und gibt es wohl in jeder Religion, sie wissen immer ganz genau, was Gott will, dass sie auf seiner Seite sind und er auf ihrer steht. Mitunter sind sie in ihrer Gottesgewissheit bereit, selbst über Leichen zu gehen. Aber diese Versuchung kann auch Menschen erfassen, die nicht zu religiösem Fanatismus neigen. Psychologisch durchaus verwandt ist die eher unbewusste, zumindest unreflektierte Allmachtsfantasie: »Ich bin für alles verantwortlich«, die die notwendige Haltung der Eltern gegenüber Kleinkindern zum durchgängigen Lebensmuster werden lässt. Bevormundung, Größenwahn und endlich völlige Überforderung sind die unglücklichen Auswirkungen dieser Lebenssicht.

Die zweite Versuchung, die im Gottesglauben liegt, ist Fatalismus: »Wenn Gott die Welt anders will, soll er sie ändern – ich bin nicht zuständig.« Diese Ohnmachtsfantasie segnet einfach den Ist-Zustand und die herrschenden Verhältnisse ab: »Ich bin für nichts verantwortlich.«

Christlich betrachtet bin ich hingegen weder alles noch nichts, nicht Gott, aber auch kein bloßes Rädchen. Ich bin berufen zum »Sakrament«, zum Segen, zum Anzeichen der Menschenfreundlichkeit des Himmels. Das wunderbare Bild der Tradition für jeden Menschen, dass die Mystik bedachte und die Volksfrömmigkeit ausmalte, war Maria, die nach katholischer Deutung das Sinnbild, Vorbild und Urbild für jeden Christenmenschen ist. Wie Maria bin ich Jungfrau und Mutter. Jungfrau heißt: Mir wurde viel geschenkt: das Leben, Liebe, manche Begabung, mein Glauben. Mutter heißt: Ich kann, darf, muss das mir Geschenkte und Anvertraute in mir wachsen lassen und zur Welt bringen. Ich bin nicht für alles verantwortlich, ich bin nicht für nichts verantwortlich; ich bin verantwortlich für mich und für das, was mir möglich ist.

Ein Gebet aus der Zeit nach dem Dreißigjährigen Krieg, das zum barocken und bis heute beliebten Kirchenlied wurde, fasst genau das in Worte. »Wer nur den lieben Gott lässt walten«, beginnt es, und walten bedeutet: Herr sein. Was daraus folgt, wird in der dritten Strophe gesagt: »Sing, bet und geh auf Gottes Wegen, verricht das Deine nur getreu, und trau des Himmels reichen Segen, so wird er in dir werden neu …«

Wie Abraham und mit Mose sind wir mit der Gotteshoffnung gesegnet, um zum Segen zu werden. Als Königskind unter Königskindern, mit wohlwollenden Wünschen, die uns verbinden, und einer Großzügigkeit, die unsere menschliche Schwäche – die eigene und die der anderen – akzeptiert, mit der richtigen Mischung aus Bescheidenheit und Mut, die uns hilft, unsere Lebensverantwortung zu erkennen. Wo uns das gelingt, glückt unser Leben und Glauben. Wo das Beten uns dazu hilft, ist es geglückt und macht es uns glücklich.

3 Beten lernen

Beten kann jeder. Oder doch nicht? Nicht Wenige sagen: Sie können nicht mehr beten. Andererseits fangen viele Menschen an zu beten, wenn es richtig ernst wird, wenn sie erschüttert sind oder Angst haben.

Beten kann jeder – ja. Aber so, wie jeder reiten, wie sich jeder irgendwie im Sattel halten kann auf einem braven Pferd, das im Kreis geführt wird. Aber weiter bringt einen das nicht. Darum ist es ratsam, von den Vorerfahrungen anderer mit Pferden zu lernen, bevor man über Land reiten will.

Und beim Beten? Jeder kann seine unmittelbaren Wünsche sagen. Aber ist das schon beten? Im christlichen Sinne nicht. Besser ist es, von den Erfahrungen der Vorbetenden zu lernen. Nicht um ihnen gedankenlos etwas nachzubeten, sondern um ganz bewusst mit ihnen und von ihnen zu lernen, wie sich unser Beten nicht im immer gleichen Kreis um uns selbst dreht, sondern uns weiter bringt, uns ins Weite bringt.

Not lehrt beten? Zeit lehrt beten!

Not lehrt beten, sagt man. Ich habe meine Zweifel. Not lehrt ja auch nicht schwimmen, vielmehr zeigt sich, wenn man ins Wasser fällt, wie gut es ist, ohne Not schwimmen gelernt zu haben. Wer erst und nur betet, wenn er etwas vom Himmel will, kann leicht in die falsche Richtung beten, wo dann beten nichts anderes ist als handeln, feilschen, betteln. Nein, Not lehrt kaum beten, aber in der Not kann sich zeigen, wie gut es ist, ohne Not das Beten gelernt zu haben.

Das »Beten ohne Not«, ohne besonderen Anlass, sondern nur, weil es »an der Zeit« ist, kennen alle alten Religionen als den Normalfall des Betens. Religionswissenschaftler nennen es auch das »rituelle« Gebet. Es hat seine Zeit, seinen Platz, seine Ordnung und ist ganz und gar nicht abhängig von der Situation oder der »Lust und Laune« der Betenden. Es wird (1) regelmäßig zu bestimmten Gebetszeiten gesprochen und (2) seine Worte greifen nicht eine aktuelle Stimmung oder ein gerade brennendes Problem auf. Die Gebetszeiten frommer Muslime, das Stundengebet in den Klöstern, in weitgehend vergangenen Zeiten das Angelus-Gebet beim Glockenläuten sind Beispiele für solch rituelles Beten.

Unsere Zeit schätzt die Spontaneität, die Originalität, die Individualität. Daran ist sicher vieles richtig. Aber nüchtern betrachtet sind wir nicht halb so spontan und originell, wie wir meinen, und unsere Individualität ist doch sehr stark durch Milieu und Moden genormt. Es wäre auch zu anstrengend, immer spontan und originell zu sein – auch beim Beten. Natürlich ist es gut, ein besonderes Anliegen, eine besondere Situation auch vor Gott ins Wort zu fassen uns ins Gebet zu bringen. Aber man kann schlecht diese Ausnahme zur Regel machen – und wie schrecklich verkrampft sind oft »spontan« formulierte Fürbitten.

»Gäste, die bei uns in der Abtei Münsterschwarzach sind, erzählen immer wieder, wie gut ihnen der Rhythmus tut, auf den sie sich im Kloster einlassen. Sie haben den Eindruck, dass die Zeit sinnvoll genutzt wird. Und sie spüren die heilende Wirkung der klösterlichen Tagesordnung.« (Anselm Grün)

Das rituelle, regelmäßige, an bestimmte Zeiten gebundene Gebet kann und soll nicht mich und meine Befindlichkeit in den Mittelpunkt der Aufmerksamkeit rücken. Im Gegenteil, auch gegen meine subjektive Befindlichkeit erinnert es an »intersubjektive Sinnreserven«, an Hoffnungen und Kräfte, die sich über Generationen bewährt haben und darum auch betend, singend oder erzählend bewahrt wurden. Oder einfacher gesagt: Wenn ich betend einstimme in die Freude und Trauer, die Fragen und die Dankbarkeit derer, die längst vor mir so zu Gott gesprochen haben, so wird mir klar, dass meine Stimmung nicht einfach die Grundstimmung der Welt ist. Und es ist ja auch ein Merkmal ritueller Gebete, dass ich sie nie allein spreche. Selbst wenn ich betend keinen Menschen sichtbar neben mir habe, so weiß ich doch, dass seit Jahrhunderten und auch am heutigen Tag überall auf der Welt Menschen mit diesen Worten vor Gott treten.

Aber das regelmäßige Gebet verbindet mich nicht nur mit anderen und befreit mich aus dem Gefängnis meiner Launen, es gibt zugleich dem Leben eine Struktur, einen Rhythmus. Alle alten Religionen sind wesentlich auch Zeitstrukturierungen. So habe ich in meiner katholischen Kindheit den Glauben nicht durch Bibellesen verinnerlicht oder durch intensive Kontakte zu Seelsorgern, sondern – neben dem Leben mit meinen Eltern – durch das Erleben des Kirchenjahres: Das Jahr, die Woche, der Tag hatten ihren Rhythmus, ihre Ordnung. Und was ich als Kind unbewusst erlebt habe, habe ich mir als Erwachsener bewusst zu eigen gemacht: mein Leben »in Ordnung« zu erleben durch das Einstimmen in den Gebetsrhythmus des Glaubens.

Regelmäßig kann ich mich gegen kleine und große Aufgeregtheiten und Probleme erinnern an das, was wirklich zählt. Dort, wo ich heute lebe, war es noch vor 30 Jahren üblich, dass in der »Nonnenschule« um 12 Uhr das Angelus-Gebet gesprochen wurde – und alles andere wurde dafür unterbrochen und ruhte, auch das Schreiben einer Klassenarbeit. Ich als Großstadtkind habe das nie erlebt, und die es mir erzählten, fanden es befremdlich und komisch, wohl weil es auch nicht bedacht, erklärt und begründet wurde. Aber mich beeindruckt dieses Zeichen. Klassenarbeiten sind wichtig, aber nicht das Wichtigste. Und wenn mir heute Eltern der gleichen Schule versichern, am Abiturzeugnis, ja an jeder Stelle hinterm Komma beim Notendurchschnitt hänge das Glück und die Zukunft ihrer Kinder, dann wünsche ich mir den so einfachen wie klaren Protest des Angelus-Gebets gegen diese Überwertung unserer Leistungen zurück – freilich so, dass begründet und erschlossen wird und nicht nur angeordnet.

Man kann, so scheint mir, sehr aufgeklärt zum regelmäßigen Beten raten. Wenn ich mir regelmäßig Worte sage, die Menschen meines Glaubens seit Urzeiten heilig sind, so werde ich mir dabei des Himmels über der Erde und in mir bewusst, ich werde mir der Wirklichkeit Gottes bewusst und werde mir zugleich meiner selbst bewusst, und das nicht durch gedankliche Anstrengung, sondern als betende Einstimmung. Seit fast 30 Jahren begleiten mich solche Gebete am Morgen in den Tag und als Tagesausklang in die Nacht. Sie haben mich in den harten Zeiten buchstäblich am Leben gehalten und in den weit längeren »normalen« Zeiten mein Leben bewahrt vor Banalität. Aber dieser Wert ist nicht zu berechnen und zu kalkulieren, er erweist sich im Tun. Denn wie alles Schöne, wie alle Liebe, wie das Küssen hat das Beten seinen Wert in sich, ohne dass wir genau ermessen können, was es bei Gott bewirken mag. Und das ist kein »moderner« Gedanke, sondern ein sehr biblischer.

Die Gebets-Nuss – Vom Sinn der Schale für den Kern

Mit dem Glauben insgesamt ist es wie mit einer Nuss: Es gibt einen Kern und eine Schale, und manchmal ist die Schale auch noch vergoldet. Damit haben wir auch drei unterschiedliche Bedeutungsebenen: Der »Lack« auf der Schale ist wirklich Geschmackssache, eine mehr oder weniger schöne Zutat, aber nicht wesentlich. Der Glaubens-Kern ist das, worum es geht. Die Schale ist nicht Kern, und ich weigere mich, auf Kirchen-Schalen herumzukauen, ich muss sie öffnen, um den Kern zu schmecken. Aber die Schale ist auch kein Abfall, sie bietet einen Schutzraum, in dem der Kern wachsen und sich entwickeln kann und in dem er, auch wenn er gereift ist, geschützt und bewahrt wird. Schalen, Formen, Äußerlichkeiten sind Hilfsmittel, nicht mehr, aber auch nicht weniger. Ohne solche Hilfsmittel wird es für die meisten Menschen sehr schwer, den Glauben wachsen zu lassen und ihn durch die Zeit zu bewahren.

Wie mit dem Glauben insgesamt ist es auch mit dem Beten als einer Glaubenswirklichkeit. Es gibt Lack und Schale und Kern. Ein ledergebundenes Gebetbuch mit Goldschnitt mag durchaus die Freude am Beten verstärken, wesentlich für das Beten ist es aber nicht. Der Kern des Betens ist die Gotteserinnerung. Wo der Kern verloren ist, hilft auch keine Schale mehr. Aber dass dieser Kern sich nicht verliert oder auch erst einmal wachsen kann, dazu kann die Schale, die Form helfen.

Eine kleine Geschichte wurde mir erzählt, ich weiß nicht mehr von wem und wann, und ich bin mir auch nicht sicher, ob sie wirklich, wie mir gesagt wurde, aus Japan stammt und alt ist:

Der Schüler fragt: »Meister, was kann ich dafür tun, erleuchtet zu werden?"

»Nichts«, sagt der Meister, »dafür, dass du erleuchtest wirst, kannst du so wenig tun wie dafür, dass die Sonne aufgeht.«

»Aber wozu dann all diese geistlichen Übungen, die du mich lehrst?«

»Damit du nicht schläfst, wenn die Sonne aufgeht!«

Die Hinweise und Vorschläge, die ich hier geben möchte, führen nicht zur Erleuchtung. Aber vielleicht helfen sie, ein wenig wacher und aufmerksamer zu werden. Und wie alle Hilfsmittel sollte man sie nur nutzen, wenn und solange sie helfen, zum Kern zu kommen.

Zeit-Räume freihalten

Ich habe schon beschrieben, für wie bedeutsam ich – auch psychologisch – feste Zeiten und die dadurch eingeprägten und erinnerten Lebensrhythmen und -strukturen halte. Darum kann ich jedem, der versuchen will, einen neuen Zugang zum Beten zu finden, nur raten, sich Zeit-Räume dafür freizuhalten. Etwas Bedeutendes kann man nicht üben und durchhalten nach Lust und Laune, im Gegenteil: Die Regelmäßigkeit ist dafür fast noch wichtiger als die konkreten Formen und Worte.

Wer allein lebt, kann sich leicht mit ein wenig Selbstdisziplin Zeiten freihalten. Wer aber wie ich mit anderen zusammenlebt, der kann nicht ganz frei und ohne Rücksicht über seine Zeit verfügen. Denn wenn ich mir Zeit für Gott und für mich selbst freihalten will, so möchte ich das doch nicht auf Kosten anderer tun. (Mir erzählte einmal die Frau eines Diakons, dass ihr Mann ihr nun nicht mehr beim Abwasch helfen könnte, da er dann beten müsse.) Auch wäre es mir ein wenig peinlich, bei meiner Familie ohne Rücksicht auf ihre Lebensrhythmen »störungsfreie« Gebetszeiten einzufordern. Aber im Grunde ist es auch keine unlösbare Aufgabe, sich doch überschaubare Frei-Zeiten einzuräumen, ohne die familiären Pflichten zu vernachlässigen und die familiären Lebensrhythmen zu behindern.

Die muslimischen Gebetszeiten, das Stundengebet der Ordensleute und Kleriker oder das Angelus-Gebet geben einen Rhythmus vor, der den ganzen Tag durchzieht, der ihn unter- und aufbricht. Bei allem grundsätzlichen Respekt für diese Auf- und Unterbrechung der Alltäglichkeit – das kann ich nicht durchhalten. Für mich sind die wesentlichen Zeiten, in denen ich mich betend erinnern möchte, wer ich vor und für Gott bin, der Tagesbeginn und der Tagesausklang, also das Morgengebet und das Nachtgebet.

Ich selbst kann liegend nur schlecht zu der Konzentration finden, die ich zum Beten brauche. Das kann bei anderen anders sein, aber mir scheint es auch »erwachsener«, aufgerichtet zu beten. Das Morgengebet ist bei mir allerdings nicht gleich die erste »Aktivität« nach dem Aufstehen, erst kommt die Morgenwäsche, dann füttere ich den Kater, der hungrig heimkommt von seinen nächtlichen Streifzügen. Doch dann möchte ich mich vor dem Frühstück mit Tee und Zeitung einstimmen auf und in den Tag.

Wie kann man nun in dieser Frühzeit einen Freiraum für sich und das eigene Beten gewinnen? Man kann sicher ein paar Minuten eher aufstehen oder das Beten mit einer anderen Tätigkeit verbinden, die Geist und Seele nicht sehr in Anspruch nehmen und ablenken sollte. Für mich ist das die morgendliche Radtour mit dem Hund zum Bäcker, entlang eines stillen Bachs, wo ich keinen Straßenverkehr beachten muss und niemand mich stört. Die selbst bei schlechtem Wetter noch ansprechende Umgebung, die leichte Bewegung, die meinen

»Das Gebet ist der Schlüssel des Morgens und der Riegel zur Nacht.« (Mahatma Gandhi)

Kreislauf in Schwung bringt, der freundliche Gefährte, der sich schon zu dieser frühen Stunde über meine Gesellschaft freut – all das lenkt mich nicht ab, sondern hilft mir durchaus zu einer entspannt-konzentrierten Andacht. Und weil ich nach Jahren die mir wichtigen Gebetsworte in- und auswendig weiß, habe ich auch die Hände frei und muss kein Buch halten.

Das ist nur ein Beispiel, kein Rezept – aber mit etwas Fantasie und Aufmerksamkeit lassen sich vielleicht ähnliche »Zeitlücken« finden. Ich habe so jedenfalls meine Zeit, der Hund seinen Auslauf und die Familie frische Brötchen.

Am Abend herrscht in unserer wie wohl in den meisten Familien weniger Zeitdruck, und wenn man dem Diktat des Fernsehens nicht gänzlich ausgeliefert ist, scheint es mir nicht schwierig, sich einige Minuten vor dem Zubettgehen für ein Nachtgebet einzuräumen.

Zeit-Räume braucht unser Beten auf jeden Fall, und für manche kann es auch eine nicht zu unterschätzende Hilfe sein, bewusst einen besonderen Raum, Ort oder Platz zu wählen. Gewiss ist Gott uns überall gleich nah, aber mir fällt es wie den meisten Menschen an manchen Orten leichter, zur Ruhe zu kommen, mich zu konzentrieren, aufmerksam zu werden für die Nähe Gottes. Seit Urzeiten haben manche Orte wohl eine solche Ausstrahlung gehabt, dass sie den Menschen vorchristlicher Zeit wie ihren christlichen Nachfahren heilig waren. Aber im Alltag stehen mir solche ausstrahlenden Orte kaum zur Verfügung, ich muss selbst Räume finden, die mich zugleich konzentrieren und öffnen, oder, weil das schon ziemlich hoch klingt, die wenigstens mein Bemühen um Konzentration und Offenheit unterstützen.

»Nehmen Sie Tätigkeiten wie Hausputz, Geschirrspülen, Holzhacken, Grasschneiden oder dergleichen. (…) Es ist durchaus möglich, sich mit solchen Tätigkeiten zu befassen, ohne sich dabei ständig bewusst zu sein, dass wir beten oder dass wir noch etwas anderes tun als einfach das, womit wir gerade beschäftigt sind. Dies ist durchaus eine Weise, still und ruhig in der Nähe Gottes zu verweilen.« (Thomas Merton)

Wieder wird es für Menschen, die nicht allein oder im Kloster leben, gar nicht so einfach sein, einen solchen Raum zu finden, aber mit etwas Aufmerksamkeit und Gespür für das, was mich selbst anspricht und mir entspricht, ist es doch nicht unmöglich. Es kann ein offenes Fenster sein, vielleicht mit einem Ausblick, der mich freut; es kann vor einem Bild sein, selbstverständlich auch vor einem Kreuz; vielleicht hilft mir eine Kniebank, mich zu sammeln – einer meiner Lehrer, der Pastoraltheologe Dieter Emeis, sagte mir einmal, eine Glaubensgeschichte könne auch mit der Anschaffung einer Kniebank beginnen; vielleicht kann ich in der Küche, während ich das Frühstück vorbereite, zur inneren Ruhe finden.

Wichtig ist aber, dass das, was um mich ist und geschieht, nicht meine Aufmerksamkeit so sehr erfordert, dass das Beten nebenher geschieht wie eine lästige Pflichtübung. Christen beten nicht, um sich nebenher etwas zu verdienen, sondern um sich zu erinnern, wer sie sind und vor wem sie leben. Und es ist wohl auch eine Hilfe zur Verinnerlichung, wenn man laut beten kann, ohne andere zu stören oder sich von ihnen gestört zu fühlen.

Feste Zeiten finde ich sehr wesentlich. Der Raum kann eine Hilfe sein und es kann auch eine Hilfe sein, bewusst eine bestimmte Körperhaltung einzunehmen. Wir sind nicht reiner Geist, unser Körper denkt und fühlt und betet mit, bewusst oder unbewusst. Und es gibt auch in den Gebetstraditionen der Menschen unterschiedliche äußere Haltungen, die freilich innere Haltungen spiegeln und verstärken.

Liegen: Nie hat unser Körper so viel Kontakt mit dem Grund wie dann, wenn wir am Boden liegen. Wir liegen, wenn wir schlafen oder uns erholen wollen, vielleicht zusammengerollt wie ein Embryo im Mutterleib. Aber wir liegen auch, wenn wir gestürzt sind oder zu Boden geworfen wurden. So ist das Liegen Ausdruck der Ruhe und auch der Schwäche. Und wer liegt, hat wenig Horizont, kann den Blick kaum heben, nicht weit sehen – er ist in einer unterlegenen Position. Vor allem, wer mit dem Gesicht am Boden liegt, unterwirft sich.

Als ausdrücklich religiöse Haltung ist nur dieses Liegen der Unterwerfung, mit dem Gesicht am Boden, belegt, nicht das erholsame Liegen auf dem Rücken. Ob die liegenden Übungen im autogenen Training – sicher eine Form der Meditation – auch als Gebet erlebt werden können, vermag ich, ohne dass ich Erfahrung damit hätte, nicht zu sagen. Bewusst vor Gott liegt man traditionell jedenfalls nicht bequem, man wirft sich vor seiner Größe nieder. Allerdings kommt dieses Niederwerfen im Christentum (anders als im Islam, der ja buchstäblich Unterwerfung bedeutet) eher selten beziehungsweise bei besonderen Anlässen wie der Priesterweihe oder einem Ordensgelübde, bei denen ja die Idee der »Ganzhingabe« und Selbstaufgabe eine bedeutende Rolle spielt.

Für mich ist das Liegen keine besonders geeignete Gebetshaltung. Im Bett bin ich zu schläfrig und unkonzentriert, und Unterwerfung liegt mir gar nicht. Jedoch habe ich auch schon erlebt, dass dieses Hingestrecktsein in extremer Situation angemessen war: Als ich mich einmal vom Leben vor Gott zu Boden geworfen fühlte, konnte ich auch äußerlich am Boden meine Gedanken und Gebete sammeln. Aber ich glaube, so zu beten sollte Ausnahme und Grenzerfahrung bleiben.

»Man kann es nicht beten nennen, etwas mit den Lippen zu murmeln, wenn damit nicht die Aufmerksamkeit des Herzens verbunden ist.« (Franz von Sales)

Sitzen: Sitzen – und ich denke hier an das Sitzen auf Bank und Stuhl, nicht an das meditative Sitzen im Zen oder beim Yoga – ist eine ganz »zwanglose« Haltung. Wer sitzt, hat seinen Platz gefunden, er ist weder am Boden wie der, der hockt oder kauert, noch muss er stehend die Last des eigenen Körpers tragen. Sitzen wir aufrecht, mit dem Oberkörper in der Haltung des Stehens, so können wir gut auf unsere Mitte achten und auf unseren Atem. Rutscht unser Sitzen mehr und mehr ab ins Liegen oder sinken wir vornüber, so sind wir entspannt, lassen uns aber auch hängen.

Das Sitzen ist – im Guten wie im Schlechten – eine sehr »bürgerliche« Haltung. In den alten Religionen hatte es keinen Platz, weder die Tempel noch die vorneuzeitlichen Kirchen hatten Sitzbänke. Erst als der Gottesdienst mehr und mehr vom Geheimnis zur Unterweisung wurde und die Predigt in den Mittelpunkt rückte und als die zur Mitfeier aufgerufenen Königskinder sich mehr und mehr als »andächtige Zuhörer« erlebten, setzte sich das Sitzen durch und ist nicht nur im evangelischen Gottesdienst die vorherrschende Körperhaltung geworden.

Für das private Gebet ist das Sitzen sicher eine angemessene Haltung. Mir selbst aber fällt es schwer, im Sitzen zu beten, vielleicht weil ich zu unruhig bin, vielleicht aber auch, weil ich das Beten, das Sich-Ausspannen zwischen Himmel und Erde zu spannend finde für eine recht entspannte Sitzhaltung. Wer ohne Schwierigkeiten sitzend beten kann, sollte das sicher tun; wer dabei Konzentrationsschwierigkeit hat, sollte einmal eine andere Körperhaltung ausprobieren.

Stehen: Stehend richtet der Mensch sich auf und streckt sich aus zwischen unten und oben, vor allem, wenn er dabei auch noch seine Arme zum Himmel reckt. Wer richtig steht, hat seinen Standpunkt gefunden. Stehen ist die Haltung der Standfestigkeit – hier stehe ich, ich kann nicht anders –, aber auch die Haltung angespannter Aufmerksamkeit.

Vor Gott aufrecht stehen mit erhobenen Armen war die biblische Gebetshaltung wie überhaupt die vorherrschende Gebetshaltung antiker Religionen, und bis heute spielt diese sogenannte »Oranten-Haltung« eine prägende Rolle in der Gebärdensprache christlicher Priester. Aber auch die mitbetenden Gläubigen stehen in der Liturgie beim Evangelium und beim Glaubensbekenntnis, weil hier unser Einstehen gefordert ist.

Mich spricht das Gebet im Stehen an, weil es doppeldeutig ist: Es erhebt uns, richtet uns auf, wir buckeln nicht. Aber es ist auch eine respektvolle Haltung, man steht auf, um den König zu begrüßen. Stehen wie Beten bezeugen zugleich Selbstrespekt wie auch Respekt vor einer unendlich größeren Wirklichkeit.

Knien: Im christlichen Knien liegt ebenfalls zugleich Respekt und Selbstrespekt. Es gibt freilich auch ein Knien als »auf den Knien liegen«, ein tiefes Buckeln, verwandt dem Fußfall, eine schon auf altägyptischen Zeichnungen abgebildete Demuts- und Unterwerfungsgeste.

Aber es gibt auch das »abendländische« Knien mit aufgerichtetem Oberkörper, das zugleich Demut und Selbstbewusstsein zum Ausdruck bringt und eine besondere Bedeutung in der Ritterethik spielte. Innerhalb der Ritterorden, in denen zu Herrenmenschen erzogene Adlige vom Pferd stiegen und bei der Pflege von Kranken an deren Lager in die Knie gingen, gab es den Grundsatz: »Ein Ritter kniet nur vor Gott und vor den (am Boden liegenden) Armen!« Wer so vor Gott kniet, respektiert Gottes Autorität und Herrschaft, aber er muss nicht vor den kleinen Göttern dieser Welt »buckeln«.

Ich bete in der Kirche sehr gern im Knien, ich verstehe mich als Christ, als »Königskind« ja nicht als verwöhntes Prinzchen, sondern als »adligen Diener«. Knien ist Ausdruck der Demut, das war ursprünglich die ritterliche Tugend des »Dienst-Mutes«, der Dienstbereitschaft – lateinisch *humilitas*, verwandt mit *humus*, Erdboden, meinte die Bodenhaftung, die Fähigkeit, am Boden zu bleiben. Aber ich muss nicht zu Kreuze kriechen, nicht den Nacken beugen. Erhobenen Hauptes vor Gott zu knien hat nichts mit Hochnäsigkeit zu tun.

Gehen: Gehen (oder Schreiten) ist eine ruhige und gemessene Fortbewegung. Immer ist ein Fuß auf der Erde. Es gibt viele Spielarten des Gehens, vom Schlendern über das Spazieren und Schreiten zum Wandern oder gar Marschieren. Wer geht, weiß sich noch nicht am Ziel, ist aber auch nicht in rastloser Eile. Dem Gehen und Schreiten verwandt ist der Tanz.

Das Gehen ist eine uralte religiöse Erfahrung, sowohl als feierliches Schreiten in der Liturgie (Prozession) wie als Pilgern. Es bringt zum Ausdruck und in Erinnerung, dass wir auf dem Weg sind zu Gott und dass Gott mit uns auf dem Weg ist.

Ich bin vor allem ein »Geh-Beter«. Mir fällt es besonders leicht, mich zu konzentrieren, wenn ich mich nicht rastlos, sondern gemessen bewege. Gehen ist die Haltung des bedachten Fortschreitens. Gehend setze ich mich nicht zur Ruhe, ich jage aber auch nicht dem Leben nach. Und: Ich lasse mich nicht gehen, ich gehe gelassen meinen Weg. Ich komme voran mit angemessenen Schritten, ohne große Sprünge, immer mit Bodenhaftung. Gehend kann ich gut in mich gehen, gut dem nachgehen, was mich angeht. Gehend bin ich weder erstarrt noch auf der Flucht, und gehend reichen meine Kraft und mein Atem für lange Wegstrecken. Gehend (und nicht sitzend) kann ich am besten Vortragsideen ausspinnen, nur so kann ich Märchen inwendig lernen, kann ich, wenn ich das allein tue, am besten beten. Und dass viele Brevierbeter alter Zeit dabei »gewandelt« sind, zeigt mir, dass ich wohl keine Ausnahme bin.

Sieben Ratschläge für das Beten

Ich möchte das, was ich aus meiner Erfahrung als Rat geben kann für das Beten, noch einmal in sieben Hinweisen zusammenfassen:

1) Bete nicht aus Zwang. Und nie nur aus Pflicht. Beten soll sein wie Küssen: Bei aller Gewohnheit darf Liebe nicht fehlen!
2) Bete nicht nach Lust und Laune. Bete nicht nur, wenn dir danach ist. Bete, um deine Lebenszeit »in Ordnung« zu halten.
3) Bete nicht, um eine Belohnung zu bekommen. Der wichtigste Sinn des Betens ist das Beten selbst. Wenn du betest, stehst du vor dem Spiegel Gottes. Du kannst dich selbst in seinem Spiegel anschauen. Und dich erinnern, wer du bist: sein Spiegel – sein Du.
4) Beten kann Bitte, Klage, Dank sein – aber vor all dem und in all dem ist es Lob. Betend stimmen wir ein in das Große Ja Gottes zum Leben mit all seinen Dunkelheiten! Beten heißt »segnen« – sagen: ein Segen, dass Du da bist!
5) Wichtiger als die Worte ist, was du hineingibst. Dennoch ist es gut, wenn man sich Worte leihen kann, um über die eigene Stimmung hinauszureichen. Die Gebete der Tradition sind ein Schatz aus Tränen, Träumen und Glück. Mit ihnen kannst du jedes Gefühl Gott vor- und übertragen.
6) Bete regelmäßig. Nimm dir Zeit. Feste Zeiten. Immer wieder. Wiederhole deine Gebete im regelmäßigen Rhythmus.
7) Lerne Gebete inwendig und sprich sie dann aus deinem Herzen. Sprich sie, wenn möglich, wirklich aus.

4 Wenn Worte uns tragen – Gebetsschätze

Jede Überzeugung, auch jede religiöse, besteht aus und wächst in einem Zusammenspiel von Inhalt, Verhalten und Haltung, symbolisch gesagt: im Zusammenspiel von Geist, Körper und Seele. Der »Körper« des Betens ist seine mögliche Gestalt, die äußeren Gestaltungsformen – einige mir nahe Möglichkeiten habe ich zu beschreiben versucht. Die »Seele«, die Haltung, ist die Intention, die Absicht des Beters, und Christen sind ermutigt, berufen, verpflichtet und herausgefordert, betend die Gotteshoffnung Jesu zu erinnern, sich betend zu erinnern an die eigene Königskindschaft und wie sie uns verwandelt, befreit, unseren Blick und unser Herz weiten kann. Der »Geist«, der Inhalt, das wären die Gebetstexte, die für Christen sicher nur stimmig sind, wenn sie übereinstimmen mit dem Geist Jesu.

Die »Seele«, die Haltung der Betenden – das haben die geistlichen Führer in allen Religionen gewusst und immer betont – ist das Entscheidende. Es gibt in der jüdischen Tradition eine Vielzahl von Erzählungen von dem völlig ungebildeten Frommen, der kein Gebetbuch hat und kein Gebet auswendig kennt, darum sagt er das Alphabet auf. Aber er tut dies mit solcher Innigkeit und Liebe, dass die Himmel zittern. Die Formen sind nachrangig und auch die Inhalte, die Texte. Noch so gut eingehaltene Rituale und die Andacht begünstigende Rahmenbedingungen und noch so poetische oder tiefsinnige Gebetstexte sind letztlich sinnlos, wenn sie die »Seele« der Betenden nicht ausrichten auf das Licht oder sie nicht zumindest wachhalten

»Beten heißt ja nicht einfach das Herz ausschütten, sondern es heißt, mit seinem erfüllten oder auch leeren Herzen den Weg zu Gott finden und mit ihm reden.« (Dietrich Bonhoeffer)

für die Sonnen- und Gottesaufgänge über unserem Leben. Und doch haben Formen und Texte ihren »Schalen«-Wert.

Wir Menschen sind nicht nur, aber auch »Geist«, Vernunft, Verstand. Vieles berührt uns tiefer als auf der Ebene von Denken und Bewusstsein, aber es ist dennoch wichtig, dass die Ergriffenheit zumindest auf Dauer nicht ganz losgelöst ist von unserem Begreifen. Ein guter Bekannter arbeitet psychotherapeutisch, indem er Patienten zunächst ein Märchen erzählt und sich spiegeln lässt, was ihnen zu diesem Märchen einfällt. Dann aber, sagt er, müssen wir die eher unbewusste Wahrheit des Märchens für diesen Menschen »ratifizieren«, bewusst nachvollziehen, klären, sonst verliert sich sehr schnell wieder diese nur auf Betroffenheit beruhende Einsicht. Beim Beten erscheint es mir ähnlich. Ich habe als Student Psalmen exegetisch analysiert, es war ganz interessant, hat mich aber kaltgelassen. Wenn ich aber einen Psalm vielleicht 20 oder 50 Mal gebetet habe, ihn vielleicht sogar inwendig weiß, dann habe ich mich hineinverstanden, nicht nur mit dem Kopf. Aber ich muss meinen Kopf auch mitnehmen, und daher gibt es durchaus Gebete, die ich nicht ehrlich mitsprechen kann.

Ich möchte hier, sicher wieder in subjektiver Auswahl, einige Gebetstexte vorstellen, die mir am Herzen liegen, aus der Seele sprechen – und die ich doch auch reflektiert und bewusst sprechen kann, vielleicht sogar wie bei dem mir heute sehr kostbaren Psalm 90 erst, nachdem ich mir etwas bewusst gemacht habe.

Ich möchte hier einige der mich tragenden Gebetsworte vorstellen:

1) Zunächst recht kurze Gebete. Man könnte sie mit einem Wort aus der indischen Tradition auch als *Mantras* bezeichnen. Sie sind schnell gesprochen und auch schnell inwendig gelernt, sie kommen also dem entgegen, der nicht zu viel Zeit erübrigen kann.
2) Dann habe ich Psalmen und biblische Gebete ausgewählt, die mir als längere Texte mehr Zeit geben, mich hineinzufinden in die Gotteserinnerung und mich auch bewusst mit der biblischen Glaubens- und Gebetsgeschichte verbinden. Die alttestamentlichen Gebete greifen eher allgemein menschliche Höhen und Tiefen auf, die neutestamentlichen Christuslieder verdichten Schlüsselerfahrungen der frühen Kirche, mit denen wir uns in eine Lebensperspektive hineinbeten können, die Jesus uns erschlossen hat und immer neu erschließen kann.

Dieser Schatz lässt sich beliebig aus Bibel und Tradition erweitern.

Mantra

Das bekannteste und kürzeste »Mantra« der christlichen Tradition ist das »Herzensgebet« der Ostkirche, das nur in der Wiederholung des Satzes »Mein Jesus, Barmherzigkeit« besteht. Mantraartig ist jedoch auch der Rosenkranz.

Wer erwachsen einen neuen Zugang zum Beten finden will, der wird die Form des Mantras aber vielleicht auch aufgreifen als ein »Kurzstreckengebet« für Einsteiger – und dann kann es eine »niedrigschwellige« Möglichkeit sein, sich betend zu erinnern, Regelmäßigkeit einzuüben und so eine vom Glauben geprägte Ordnung in sein Leben zu bringen. Ob sich jemand auf Dauer in meditativer Wiederholung wiederfindet, ist sicher auch abhängig

Ein **Mantra** *ist eine ursprünglich aus der buddhistischen Tradition stammende kurze Gebetsformel, die dann aber – im tibetischen Lamaismus auch buchstäblich – »gebetsmühlenartig« wiederholt wird. Von einem »Stoßgebet« unterscheidet sich ein Mantra dadurch, dass es nicht Bezug nimmt auf die aktuelle Situation des Betenden, sondern eben eine immer gleiche Formel wiederholt. Darum ist ein Mantra eigentlich auch keine zeitsparende Gebetsform. Die häufige oder gar ständige Wiederholung diente ursprünglich der meditativen Er-Innerung. Manchmal kommt es aber auch zu einem »quantitativen Missverständnis«: Wer viel betet, erwirbt viele Verdienste.*

von der Mentalität des Beters. Es ist ein Gebetsweg unter vielen. Mir sind mantraartige Gebetsformeln lieb, wo sie mein eher an biblischen Vorgaben orientiertes Beten ergänzen.

Das wichtigste Mantra ist zweifellos das Kreuzzeichen. Es ist zugleich die beste Verdichtung des christlichen Glaubens, mit dem Christen jedes Gebet beginnen und abschließen können und sollten: *Im Namen des Vaters und des Sohnes und des Heiligen Geistes.*

Gott, der unendlich unfassbar »über uns« ist wie der Himmel und doch unser Vater, nimmt in Jesus, dem Sohn, der »unter uns« vorgelebt hat, wie und wo Gott ist, unser Leben an und unseren Tod (*Bewegung der Hand von oben nach unten*), damit wir in seinem Atem, seinem Geist, der »in uns« und »durch uns« wirkt, als Geschwister aufeinander zugehen (*vertikale Handbewegung von links nach rechts*).

Meinen Kindern habe ich es, als sie klein waren, noch einfacher gesagt und eingeprägt: *Gott sagt Ja zu uns, damit wir Ja sagen zueinander!*

Ein anderes Mantra, gut am Tagesbeginn zu sagen, zugleich eine Tauferinnerung: *Ich bin freigesprochen! Ich bin Licht vom Licht! Ich höre!*

Ein Morgen-Mantra:

Mein Gott, noch eh ich an Dich dachte,
hast Du an mich gedacht,
und hast den neuen Tag für mich gemacht.
Dass ich ihn nutze und ihn lebe,
ihn annehmen kann und schließlich dann
zurück Dir gebe.
Amen.

Ein Morgen-Mantra aus der Kinesiologie:
Vor vielen Jahren lernte ich ein sogenanntes »Morgenritual« kennen, das nicht aus religiösen Traditionen stammt, sondern aus der Kinesiologie, die Körper und Geist in Einklang ansprechen und sensibilisieren will. Ich hatte trotzdem sofort den Eindruck, dass dieses Ritual mehr ist als eine Morgengymnastik, dass ich es als Christ sehr gut mitsprechen und mich für den Tag öffnen lassen kann.

Wir begrüßen den Tag.
Wir öffnen die Tore.
Oben der Himmel.
Unten die Erde.
Und in der Mitte – ich.
Feuer und Wasser,
ich nehme mir, was ich brauche,
vermische es gut,
und fort mit dem Rest.
Ich werde und wachse,
ich umarme mich selbst,
ich mache mich auf!

Dieses Mantra eignet sich auch sehr gut für den Tagesbeginn mit einer Gruppe, auch einer Gruppe, die sehr unterschiedlich vertraut ist mit christlichen Traditionen. Selbst Kinder haben nach meiner Erfahrung viel Freude daran. Dann stellen sich alle im Kreis auf, eine(r) spricht die einzelnen Zeilen vor, die anderen wiederholen sie im Chor – das ist übrigens eine sehr alte Form des Gemeinschaftsgebetes, die in den Litaneien lebt – und begleiten die Worte mit bestimmten Gesten:

Wir begrüßen den Tag.	[Erst wird der rechte, dann der linke Arm ausgestreckt.]
Wir öffnen die Tore.	[Erst reibt die rechte, dann die linke Hand das jeweilige Auge, die Augen stehen für unsere Sinne, unsere Tore zur Welt.]
Oben der Himmel.	[Eine Hand wird mit waagerechter Handfläche so weit es geht nach oben gestreckt.]
Unten die Erde.	[Die andere Hand wird nun ebenso nach unten ausgestreckt.]
Und in der Mitte – ich.	[Beide Hände werden vor der Körpermitte gefaltet].
Feuer	[Beide Hände werden rasch und heftig über der rechten Schulter nach oben gereckt, mit ausgestreckten Fingern; auch die Stimme sollte feurig und kräftig sein.]
und Wasser,	[Beide Hände bewegen sich langsam über der linken Schulter nach unten, mit »tröpfelnden« Fingern; auch die Stimme ist sanft.]
ich nehme mir, *was ich brauche,*	[Erst den rechten, dann den linken Arm ausstrecken, so weit es geht; die jeweiligen Hände greifen kräftig aus.]

vermische es gut	[Beide Hände kreisen vor der Brust umeinander.]
und fort mit dem Rest.	[Beide Arme gehen gleichzeitig mit geöffneten Händen und ausgestreckten Fingern weit und kräftig nach vorn.]
Ich werde und wachse,	[So weit es geht nach oben ausstrecken, auf die Zehenspitzen stellen und beide Arme und die Hände mit den Fingern ausstrecken.]
ich umarme mich selbst,	[Arme um den Körper legen.]
ich mache mich auf!	[Erst fliegt der rechte, dann der linke Arm schräg nach vorn, sodass man am Ende mit geöffneten Armen dasteht.]

Ein Mantra zum Abschluss des Vaterunsers:

Erlöse uns, Herr, von allem Bösen.
Sei uns nah in Deiner Liebe
und lass ihr Licht leuchten
für uns und in uns und aus uns.
Sei Du heute und morgen
unser Weg und unser Ziel,
unsere Kraft und unsere Hoffnung,
unsere Leidenschaft und unser langer Atem.
Sei in unserer Freude und in unserem Schmerz,
in unseren Träumen und in unseren Taten,
sei, was wir empfangen und was wir geben.
Amen.

Drei biblische Mantras aus dem Buch Hiob (1,21):

Nackt kam ich hervor aus dem Schoß meiner Mutter,
nackt kehre ich dorthin zurück.
Einer gibt, Einer nimmt.
Gesegnet sei Sein Name.

Aus dem 1. Johannesbrief (4,16b):

Gott ist Liebe.
Und wer in der Liebe wohnt, der wohnt in Gott,
und Gott wohnt in ihm.

Aus dem Römerbrief des Paulus (8,38 ff.):

Nicht Tod noch Leben, nicht Engel noch Mächte,
nichts, was ist, nichts, was kommt, nichts, was auf uns einwirkt,
nicht höchste Höhen, nicht Abgrundtiefen,
nichts, was irgend sonst geschaffen
kann uns trennen von der Liebe Gottes:
die ist da in Christus Jesus, unserem Herrn.

Ein altkeltisches Mantra aus Schottland:

Gott über mir, Gott unter mir,
Gott vor mir und Gott hinter mir.
Auf Gottes Wegen geh ich
und Gott auf meiner Spur.

Ein keltisches Mantra aus Irland:

Gott segne die Erde, auf der ich jetzt stehe.
Gott segne den Weg, den ich jetzt gehe.
Gott segne das Ziel, für das ich jetzt lebe.
Segne, was mein Wille sucht.
Segne, was meine Liebe braucht.
Segne, worauf meine Hoffnung ruht.
Du König der Könige, segne meinen Blick.

Ein Mantra nach Johannes vom Kreuz (16. Jahrhundert):

Dass du kostest ganz und alles:
Lass – und koste nicht und nichts.
Dass du habest ganz und alles:
Lass – und habe nicht und nichts.

Dass du wissest ganz und alles:
Lass – und wisse nicht und nichts.
Dass du werdest ganz und alles:
Lass – und werde nicht und nichts.

Ein Abend-Mantra:

Mein Gott, der Tag ist gegangen – doch Du bleibst bei mir
und meine Gedanken finden zu Dir.
Ich denk an die Stunden, die ich heute sah.
Habe ich Dich gefunden? War ich Dir heut nah?
Und wenn ich fern war den Menschen und Dir,
lass mich nicht allein – komm Du näher zu mir.
Amen.

Eine »ratifizierte« Fassung des »Ave Maria«, des »Angelus« und des Rosenkranzes

Ich weiß, dass diese Gebete für viele Menschen Halt und Hilfe waren und sind, habe aber selbst nie Zugang dazu gefunden. Vielleicht, weil mich das Wiederholen nicht so anspricht, zumindest nicht, wenn es, wie ich es meist erlebte und erlebe, mir eher »heruntergeleiert« als mit Andacht und Aufmerksamkeit gesprochen erschien, vielleicht auch, weil ich darin weder die Lebenserfahrung der Psalmen entdecken kann noch die theologische Dichte mancher biblischen Verse. Ich habe darum vor Jahren die Worte dieser Gebetstradition so abgewandelt, dass sie für mich sprechbar und denkbar wurden. So ist dann zumindest das »Angelus«-Gebet auch Teil meines »aktiven Gebetsschatzes« geworden. Weil mir aber andere gesagt haben, diese Fassung habe ihnen einen Zugang erleichtert, möchte ich sie hier anführen, vielleicht auch als Ermutigung, traditionelle Formen für sich selbst weiterzuentwickeln und sich zu eigen zu machen.

Wohl kein Gebet war in der katholischen Volksfrömmigkeit des 15. bis 20. Jahrhunderts beliebter und verbreiteter als das **»Ave Maria«**, *das »Gegrüßet seist du Maria«. Meist wurde dieses Gebet als Kettengebet gesprochen, in der kürzeren Form des* **»Angelus«**, *des »Engel des Herrn«, der sich seit der Gegenreformation beim Glockenläuten morgens, mittags und abends als eine Art Stundengebet für Laien durchsetzte, oder als Rosenkranzgebet, das in vielen Gesätzen Leben und Deutung Jesu mit dem »Ave Maria« verbunden betrachtete.*

Das »Ave Maria«

Gegrüßet seist du, Maria, voll der Gnade.
Der Herr ist mit dir.
In dir sind gesegnet alle Frauen
(Christen? Menschen?),
und gesegnet ist die Frucht deines Lebens: Jesus.
Heilige Maria, Mutter Gottes,
sei uns in Angst und Schuld
Abbild Seiner Freundlichkeit und Nähe,
jetzt und in der Stunde unseres Todes.
Amen.

Das »Angelus«-Gebet

Das »Angelus«-Gebet ist, wie oben schon erwähnt, formal eine alte Form des rituellen und regelmäßigen Gebetes für Laien und inhaltlich eine Einladung, das Leben und den Auftrag der Kirche und jedes Christenmenschen in Maria wiederzuerkennen: Die Verse, die jedes der drei Ave Maria einleiten, erinnern uns daran, dass auch wir wie Maria »jungfräulich«, also aus Gnade, nicht aufgrund unserer Leistung berufen und befähigt sind, Christus immer neu zur Welt zu bringen.

Der Engel des Herrn brachte Maria die Botschaft,
und sie empfing vom Heiligen Geist
(Wir, jede(r) von uns, sind angesprochen, berufen …),
Maria sprach: Sieh, ich bin die Magd des Herrn,
mir geschehe, wie du gesagt.
(… und wenn wir uns dem zugesagten Ja-Wort öffnen, …)
Und das Wort ist Fleisch geworden,
und hat unter uns gewohnt.
(… kann Gott durch uns immer neu zur Welt kommen).

Der Rosenkranz

Der Rosenkranz ist eine alte und nicht nur im Christentum verbreitete Form der meditativ-wiederholenden Vergegenwärtigung einer Glaubenswahrheit im Gebet und war und ist für viele Christen eine Konzentrationsübung im Glauben, wobei die Konzentration weniger auf den Text gerichtet ist als auf einen Rhythmus. Vielleicht kann man den alten Rhythmus um neue »Gesätze« ergänzen, zum Beispiel:

… *und gesegnet sei die Frucht deines Leibes/Lebens, Jesus,* …
> der unser Leben teilt und wandelt;
> der unsere Wunden spürt und heilt;
> der unsere Schulden kennt und erlässt;
> der unsere Enge zerbricht und weitet;
> der unsere Sehnsucht weckt und stillt.

Oder :
> durch den Gott uns annimmt als Seine Kinder;
> durch den Gott uns verwandelt in Schwestern und Brüder;
> durch den Gott unser Leben teilt und unseren Tod;
> durch den Gott sich mitteilt wie Brot und Wein;
> durch den Gott uns austeilt in Seine Welt.

Biblische Gebete

Ausgewählte Psalmen

Warum mir die Psalmen wichtig sind, habe ich schon zu beschreiben versucht. Hier möchte ich nun eine Auswahl von Psalmen vorstellen. Es sind nicht Fassungen der heute im katholischen Bereich gängigen Einheitsübersetzung, die ich wenig poetisch und dicht finde, und auch nicht die der Luther-Bibel, die sicher große Sprachkraft hat und für evangelische Christen eng mit ihrer Glaubensgeschichte verbunden ist. Ich bete die Psalmen (meist) in einer deutschen Übersetzung, die sich an der jüdischen Bibelübersetzung von Martin Buber und Franz Rosenzweig orientiert. Diese beiden wollten in der Zeit des Expressionismus durch eine fast wörtliche Übertragung mit auch neuen Wortschöpfungen die Sprachgewalt und auch die Fremdheit der Bibel deutlich werden lassen. Um diese Texte aber beten zu können, habe ich sie für mich so »gemäßigt« – durch einen Blick in andere Übersetzungen wie durch Rücksicht auf mein Sprachempfinden, auch mein Empfinden für Sprachrhythmen –, dass ihre Sprache für mich zumindest keine »Fremdsprache« mehr ist und ich sie gut inwendig lernen konnte.

Dazu nur ein Beispiel: Wie übersetzt man den an sich unübersetzbaren Gottesnamen? Schon die jüdische Tradition hat dort »Adonai« gelesen, »Herr«, und die Christen haben diese Übersetzung übernommen. Mich spricht sie nicht sehr an, nicht nur oder zuerst deshalb, weil die Rede vom »Herrgott« theologisch problematisch ist, sondern weil das Wort »Herr« heute inflationär gebraucht wird – jedermann ist Herr Sowieso. Macht und Geheimnis müssten aber in dieser Anrede

»Beten heißt nicht, sich selbst reden hören. Beten heißt: Stillewerden und Stillesein und Hören, bis der Betende Gott hört.« (Søren Kierkegaard).

***Martin Buber** (1878 bis 1962), ein jüdischer Religionsphilosoph, und **Franz Rosenzweig** (1886 bis 1929), ein jüdischer Historiker und Philosoph, erarbeiteten gemeinsam eine »Verdeutschung der Schrift«, wobei es ihnen darauf ankam, möglichst nahe am hebräischen Urtext zu bleiben und dabei besonders den Charakter dieser Sprache wiederzugeben. Als Rosenzweig 1929 starb, beendete Buber die Arbeit allein. Entstanden ist ein poetischer Text, der durch seine Eigenwilligkeit den Leser immer wieder nötigt, auch bekannte Texte der Bibel mit neuen Augen zu sehen bzw. sie in ihrer Bedeutung zu überdenken.*

mitklingen. Wenn manche Übersetzungen dann den Gottesnamen *JHWH* oder *Jahwe* gebrauchen, finde ich das problematisch. Es ist ein rein intellektuelles Wort, wohl kaum ein Christ wird aus dem Herzen zu Jahwe beten, und wir kränken damit unsere jüdischen Geschwister und Vorfahren im Glauben, für die ein solcher Umgang mit dem Namen des Heiligen unvorstellbar ist. Martin Buber benutzt nur die Anrede *ER*, ich habe mich daran angelehnt für *EINER* entschieden, wohl auch, weil der Sinn von *EINER*, wie ich in einer der ebenfalls von Martin Buber bewahrten ostjüdisch-chassidischen Erzählungen gelesen habe, nicht nur Einziger ist, sondern auch »der uns eint« meint, und damit entspricht dieser alttestamentliche Gottesname ganz dem neutestamentlichen »Unser Vater«.

Aber die Frage nach der Übersetzung sollte auch keine zu große Rolle spielen, denn die konkrete Textfassung ist Schale, nicht Kern – und ich bin sicher, dieser Kern kann jede Schale aufsprengen. Wer Psalmen beten möchte, sollte also ruhig zu der Übersetzung greifen, die ihm naheliegt und ohne Mühe zugänglich ist.

Ich füge hier zunächst Psalmen an, die ich »meine Morgenpsalmen« nenne, weil sie mich in den Tag begleiten, dann den Psalm 139, den ich – wie die Benediktiner – an jedem Abend zur Nacht bete. Der alten christlichen Gebetstradition folgend, rahme ich die Psalmen mit einem Kehrvers, mit dem der Psalm an- und ausklingt, und ergänze als Christ das Gebet, das ich dankbar aus dem Glauben Israels übernommen habe, durch das Kreuzzeichen. Ich gebe schließlich, wo es mir selbst hilfreich war, ganz wenige Hinweise zum Verstehen des Psalms.

Meine Morgenpsalmen

Psalm 124: Freigekommen

Du führst mich aus Angst und Enge,
Du machst meine Seele weit.

Wär' nicht der EINE für uns gewesen,
– so soll Israel sagen –,
wär' nicht der EINE für uns gewesen,
als Menschen gegen uns aufgestanden,
dann hätten sie uns lebendig verschlungen,
als gegen uns ihre Wut entbrannte.
Dann hätten die Wasser uns weggerissen,
hätte die Sturzflut unsere Seele überschwemmt.
Dann hätten sie unsere Seele überschwemmt,
die wilden und wogenden Wasser.

Gesegnet sei der EINE,
der uns nicht ihren Zähnen zum Fraß überließ.
Unsre Seele ist wie ein Vogel
der Schlinge des Jägers entkommen:
Die Schlinge ist zerrissen,
und wir sind frei.
Unsere Hilfe ist im Namen des EINEN,
der Himmel und Erde geschaffen hat.

Ehre sei dem Vater und dem Sohn und dem Heiligen Geist,
wie im Anfang, so auch jetzt und alle Zeit.

Du führst mich aus Angst und Enge,
Du machst meine Seele weit.

Mit märchenhaften uralten und tief in unserer Seele verwurzelten Bildern malt der Psalm das Gefühl der Bedrohung und Gefährdung aus: Sturzflut und Wolfsrachen bedrohen uns, aber dagegen steht die biblische Urerfahrung, dass da *EINER* für uns ist als erlösende Befreiung. Mit dem ebenso alten und tiefen Bild von der Seele, die wie ein Vogel ist, erinnert mich der Psalm an meine wahre Bestimmung. Joseph Eichendorff hat das fast zweieinhalbtausend Jahre später so verdichtet:

»Und meine Seele spannte
weit ihre Flügel aus,
flog durch die stillen Lande,
als flöge sie nach Haus.«

Psalm 8: Himmelhoch jauchzend

Du *EINER*, unser Herr, wie gewaltig ist Dein Name
auf der ganzen Erde.

Du EINER, unser Herr,
wie gewaltig ist Dein Name auf der ganzen Erde,
Deine Hoheit wird ausgerufen über den Himmel hin.
Aus der Kinder, der Säuglinge Mund
hast Du ein Bollwerk errichtet,
Deinen Gegnern zum Trotz,
um den Feind und Empörer zum Schweigen zu bringen.
Sooft ich aufschaue zu Deinem Himmel,
zu Deiner Finger Werke,

zu Mond und Sternen, die Du festgesetzt
– was ist da der Mensch, dass Du an ihn denkst,
das Menschenkind, dass Dir an ihm liegt?
Du hast ihm nur wenig fehlen lassen, um wie ein Gott zu sein.
Du hast ihn mit Würde und Schönheit gekrönt,
Du hast ihn zum König gemacht über Deiner Hände Werke,
hast ihm alles zu Füßen gelegt:
all die Schafe, Ziegen und Rinder
und auch das Wild des freien Feldes,
den Vogel am Himmel und die Fische im Meer
und was immer die Pfade der Meere durchwandert.

Du EINER, unser Herr,
wie gewaltig ist Dein Name auf der ganzen Erde.

Ehre sei dem Vater und dem Sohn und dem Heiligen Geist,
wie im Anfang, so auch jetzt und alle Zeit.

Du EINER, unser Herr, wie gewaltig ist Dein Name
auf der ganzen Erde.

Ein Lied der Königskinder, der adligen Diener Gottes. Es besingt fröhlich (die Angabe für den Chorleiter, die hier wie in vielen Psalmen am Anfang steht, lautet: »nach der Kelterweise« – und wie immer die geklungen haben mag, sie wird freudig und lebenslustig gewesen sein) die unstrittige Größe Gottes, ohne den Menschen schlecht zu machen. Es besingt mit kindlicher Freude die Würde und Schönheit der Menschen, die in ihren Träumen schon fast an Gott heranreichen – und das ganz ohne Größenwahn, Hochmut, Überheblichkeit. Nein, unsere Würde ist hier gefasst in die unendlich größere Wirklichkeit Gottes. Es ist genau die Haltung der bescheidenen, wahren Königskinder der Märchen.

Der dritte Vers wird häufig übersetzt: »Aus dem Mund der Kinder und Säuglinge hast du dir Lob bereitet«, weil man die wörtliche Übersetzung (»ein Bollwerk errichtet«) für unsinnig und darum einen Schreibfehler hält. Aber wenn ich morgens auf meinem Weg zur Arbeit an einem Kindergarten vorbeikomme und die Kinderstimmen höre, dann spüre ich die Wahrheit dieses Bildes. Es gibt keine stärkere Gegenstimme gegen Weltverachtung und Lebensverdrossenheit als die Lebenslust, die aus dem Kindergeschrei spricht, so wie jeder Säugling das Leben in dieser Welt mit einem Schrei begrüßt. Wer immer Kinder und ihren Lebenswillen liebt, kann nicht mehr einstimmen in den Schlachtruf der Gottesgegner: »Nach mir die Sintflut!«

Psalm 57: Hoffnung wecken

Wach auf, meine Seele, wach auf, Leier und Harfe,
ich will das Morgenrot wecken.

Sei mir gnädig, Gott, sei mir gnädig,
denn meine Seele flüchtet sich zu Dir.
Ich suche Zuflucht im Schatten Deiner Flügel,
bis das Unheil vorübergeht.
Ich rufe zu Gott, dem Höchsten,
zu Gott, der mir weiterhilft.
Er wird vom Himmel her Befreiung senden,
mag der auch höhnen, der nach mir schnappt.
Senden wird Gott Seine Liebe und Seine Treue!

Meine Seele ist inmitten von Löwen,
die nach Menschenkindern gieren.
Ihre Zähne – Speere und Pfeile,
ihre Zunge – ein scharfes Schwert.
Schwing Dich über die Himmel, Gott,
über die ganze Erde Dein Leuchten.

Sie hatten ein Netz für meine Füße ausgelegt
– Er bog mir die Seele wieder gerade.
Sie hatten mir eine Grube gegraben
– nun fielen sie selbst hinein.

Fest ist mein Herz, o Gott, fest ist mein Herz!
Singen will ich und spielen!
Wach auf, meine Seele!
Wach auf, Leier und Harfe, ich will das Morgenrot wecken!
Vor den Völkern will ich Dir danken, Herr,
Dir aufspielen vor den Nationen.
Denn groß bis zum Himmel ist Deine Liebe,
bis zu den Wolken Deine Treue.
Schwing Dich über die Himmel, Gott,
über die ganze Erde Dein Leuchten.

Ehre sei dem Vater und dem Sohn und dem Heiligen Geist,
wie im Anfang, so auch jetzt und alle Zeit.

Wach auf, meine Seele, wach auf, Leier und Harfe,
ich will das Morgenrot wecken.

Bei diesem Psalm lautet die Angabe für den Chorleiter: »*Nach ›Verderbe nicht‹. Von David, ein Sühnelied, als er vor Saul auf der Flucht war in der Höhle.*« Das ist wohl keine historische Zuordnung, sondern eine atmosphärische. Ein Psalm wird gebetet an der Grenze zwischen Angst und Enge einerseits und erfahrener Geborgenheit und Rettung andererseits. Dass Gott uns unter die Fittiche nimmt, ist ein schon vorbiblisches Bild, im Christentum lebt es weiter, auch in der Gestalt der Schutzmantelmadonna. Ich liebe das Bild von der Seele, die Gott wieder geradebiegt in all ihrer Verkrümmung und Verkümmerung.

Am Ende stimmt der Beter ein in das umfassende Loblied der Schöpfung. Dass es im Hebräischen nur ein Wort gibt für »Seele« und »Kehle«, für die beiden Organe, mit denen wir nach Luft und Leben schnappen, macht das Bild vom Singen als befreiende Erfahrung – für Kehle und Seele – noch stimmiger.

Psalm 30: Auferstehen

Dir singt mein Herz
und will nicht verstummen.

Hochhalten will ich Dich, Du EINER,
denn Du hast mich herausgewunden,
hast meine Feinde nicht jubeln lassen über mich.
Du EINER, mein Gott, zu Dir hab ich gestöhnt,
und Du hast mich geheilt.
Du EINER, mein Gott, aus der Hölle
hast Du meine Seele geholt,
hast mich ins Leben zurückgerufen –
aus denen, die im Grab versunken sind.

Singt dem EINEN, die ihr Ihn liebt,
denkt mit Dank an Seinen heiligen Namen!
Denn: ein Augenblick – in Seinem Zorn,
ein Leben lang – in Seiner Zuneigung!
Am Abend – ein Weinen zur Nacht,
und am Morgen – große Freude.

Ich aber, meines Glücks gewiss, hatte mir gedacht:
»In Ewigkeit wanke ich nicht.«
Weil Du, EINER, mir geneigt bist,
war ich wie auf einem schützendem Berg
– da hast Du Dein Gesicht verhüllt, und ich war verstört.

Zu Dir, Du EINER, habe ich geschrien,
habe um Gnade meinen Herrn angefleht:
»Was hast Du von meinem Blut,
wenn ich im Abgrund versinke?
Kann der Staub Dich bekennen? Deine Treue verkünden?
Höre mich, EINER, Du, sei mir gnädig!
EINER, Du, sei mir ein Helfer!«

Da hast du mir Trübsinn in Tanz verwandelt,
hast mir den Trauersack ausgezogen
und mich umgürtet mit Freude.
Darum singt Dir mein Herz und will nicht verstummen:
Du EINER, mein Gott, ich will Dir danken in Ewigkeit!

Ehre sei dem Vater und dem Sohn und dem Heiligen Geist,
wie im Anfang, so auch jetzt und alle Zeit.

Dir singt mein Herz
und will nicht verstummen.

Dieser Psalm, in der »Regieanweisung« der Tempelweihe Davids zugeordnet, beschreibt einen Neuanfang nach Versagen und Absturz und nimmt uns mit durch Höhen und Tiefen der Gottesbeziehung. Nach dem anfänglichen Dank für die Rettung aus der persönlichen Höllenerfahrung blickt der Beter zurück auf den Sinn von Scheitern und Tränen, die sich als hilfreicher Widerstand in falscher Selbstsicherheit erwiesen haben. Aber die Krise ist nicht das letzte Wort, ist nicht katastrophaler Untergang, sondern Chance zu einem neuen Vertrauen, das bewusster ist, weniger naiv und dankbarer. Und vielleicht ist der Tanz, der aus dem Trübsinn führt, noch viel wichtiger als der unbeschwerte Tanz zur Kelterweise.

Psalm 42: Heimweh

Wann darf ich kommen
und Gottes Angesicht schauen?

Wie der Hirsch, der am trockenen Bachbett schreit,
so schreit meine Seele, Gott, nach Dir.
Meine Seele dürstet nach Gott, nach dem Gott,
der wirklich lebt.
Wann darf ich kommen und Gottes Angesicht schauen?
Meine Tränen sind mein Brot bei Tag und bei Nacht,
weil man alle Tage zu mir sagt: »Wo ist nun dein Gott?!«
Ich will daran denken und bei mir meine Seele ausschütten,
wie ich mich durch die Menge drängte
und bis zu Gottes Haus gelangte
als Jubel und Lobgesang erklang,
inmitten der tanzenden Pilgerschar.
Was bist du so aufgelöst, meine Seele,
was bist du voll Aufruhr in mir?
Harre auf Gott! Denn ich werde Ihm noch danken,
dass Er mein Gesicht befreit und mein Gott ist.

Aufgelöst ist meine Seele in mir, darum denke ich an Dich
im Land von Jordan und Hermon, am Mizar-Berg.
Sturzflut ruft Sturzflut herbei
im Donnern Deiner Wogen,
all Deine Brandungen, Deine Brecher –
über mich sind sie gefahren.
Am Tage sende DER EINE Seine Liebe aus,
und nachts sei ein Lied zu Ihm bei mir,
das ist mein Gebet zum Gott meines Lebens.
Ich will zu Gott, der mein Fels ist, sagen:
Warum hast Du mich vergessen?
Warum muss ich finster einhergehn,

umklammert von meinen Feinden?
Wenn sie mich quälen, bis auf die Knochen,
höhnen, sie mich in die Enge treiben,
fragen sie doch den ganzen Tag: »Wo ist nun dein Gott?!«

Was bist du so aufgelöst, meine Seele,
was bist du voll Aufruhr in mir?
Harre auf Gott! Denn ich werde Ihm noch danken,
dass Er mein Gesicht befreit und mein Gott ist.

Ehre sei dem Vater und dem Sohn und dem Heiligen Geist,
wie im Anfang, so auch jetzt und alle Zeit.

Wann darf ich kommen
und Gottes Angesicht schauen?

Ursprünglich stammt dieser Psalm wohl aus der Klage von Verbannten, die aus ihrer geliebten Heimat Israel nach Norden verschleppt wurden und an Jordan und Hermon über die Grenze kamen. Der Beter fühlt sich wie ein durstiger Hirsch an einem ausgetrockneten Bachbett – gerade im Sommer, wenn das Wasser dringend nötig wäre. Er versucht »seine Seele« zu trösten mit der Erinnerung an glücklichere Tage und mit der Hoffnung auf Gott, der auch nachts wie ein Lied in uns singt und am Ende unser Gesicht befreien wird, wenn er sein Angesicht zeigt und uns Ansehen bei ihm schenkt.

Psalm 121: Segen für die Lebensreise
Herr, sei mit mir auf meinen Wegen
und werde Schritt für Schritt mein Weg.

Ich hebe meine Augen auf zu den Bergen:
Woher wird mir Hilfe kommen?

Die Hilfe kommt mir von dem EINEN,
der Himmel und Erde geschaffen.
Nie lässt deinen Fuß Er wanken,
nie schlummert Er, dein Hüter.
Nein, nein, nicht schlummert, nicht schläft
Er, der Hüter Israel.

EINER ist dein Hüter,
EINER gibt dir Schatten,
Er steht dir zur Seite.
Am Tag wird dir die Sonne nicht schaden
noch der Mond in der Nacht.
EINER schützt dich vor allem Bösen,
Er behütet deine Seele.
EINER behütet dein Gehen und Kommen
jetzt und in aller Zeit.

Ehre sei dem Vater und dem Sohn und dem Heiligen Geist,
wie im Anfang, so auch jetzt und alle Zeit.

Herr, sei mit mir auf meinen Wegen
und werde Schritt für Schritt mein Weg.

So wie in der Romantik der Wanderer zum Bild wurde für den Menschen auf der Lebensreise, so besingen die alttestamentlichen Wallfahrtslieder mit dem Bild der Pilger, die zum Berg Zion nach Jerusalem hinaufziehen, zugleich den Weg aller, die Gott suchen, zu und mit ihm.

Psalm 84: Heimfinden
Gesegnet die Menschen, deren Kraft in Dir gründet,
wenn ihr Herz auf den Pilgerstraßen ist.

Wie lieb sind mir Deine Wohnungen,
EINER, DER DU DIE MITTE BIST.
Es sehnt sich, ja es hungert meine Seele
nach einem Platz in Deiner Nähe.
Mein Herz und mein Leib, die schreien
nach dem Gott, der wirklich lebt.
Auch der Sperling findet ein Haus,
die Schwalbe für sich ein Nest, darin sie ihre Jungen legt:
Deine Altäre, EINER, DER DU DIE MITTE BIST,
mein König und mein Gott.
Gesegnet, die in Deinem Hause sitzen,
die noch und noch Dein Lob singen dürfen.
Gesegnet die Menschen, deren Kraft in Dir gründet,
wenn ihr Herz auf den Pilgerstraßen ist.
Durchschreiten sie das Tal der Tränen,
machen sie einen Quellgrund daraus,
auch der Herbstregen hüllt sie in Segen.
Sie gehen ihren Weg mit wachsender Kraft,
dann erscheint ihnen Gott auf dem Zion.

EINER, DER DU DIE MITTE BIST, vernimm mein Gebet,
höre mir zu, Gott Jakobs!
Du unser Schild, sieh her, Gott,
schau ins Gesicht Deines Gesalbten.

Ja wirklich, ein Tag in Deiner Nähe
ist besser als tausend sonst.
Lieber stehe ich an der Schwelle in meines Gottes Haus
als dass ich mich heimisch fühle in den Zelten der Verderber.
Ja, EINER ist Sonne und Schild, Gnade und Ansehen gibt Gott.
das Gute versagt DER EINE denen nicht, die aufrichtig leben.
EINER, DER DU DIE MITTE BIST,
gesegnet der Mensch, der Dir vertraut!

Ehre sei dem Vater und dem Sohn und dem Heiligen Geist,
wie im Anfang, so auch jetzt und alle Zeit.

Gesegnet die Menschen, deren Kraft in Dir gründet,
wenn ihr Herz auf den Pilgerstraßen ist.

Auch dieser Psalm ist, so die Anleitung im ersten Vers, nach der »Kelterweise« zu singen, ein vermutlich hüpfender und stampfender Takt. Ohne Neid auf die, die sich behaglich in den Zelten der Verderber niedergelassen haben, aber auch ohne Neid auf die Glücklichen, die schon im Haus Gottes sitzen, besingt und spürt der Beter die Kraft Gottes in denen, deren Herz auf den Pilgerstraßen ist – für mich ein zeitlos gültiges Lebensbild. Wir sind ein Leben lang unterwegs, und das Leben – da stimmen die Märchen mit dem Psalmisten überein – ist kein Heimspiel, aber ein Heimweg. Da macht es nichts, auf der Schwelle zu leben. Immer wieder brechen neue Lebensquellen auf, noch im Herbst gibt es Segen von oben.

Das geheimnisvolle *JHWH Zebaoth*, übersetzt als »Herr der Heere«, »Herr der Scharen«, wörtlich wohl »der Umscharte«, habe ich für mich frei übersetzt mit *»der Du die Mitte bist«*, sodass dieser uralte mythische Gottesname in meine Lebenswelt hineinfragt.

Psalm 90: Unser Vergehen

Unsere Jahre entschwinden wie ein Seufzen,
erhalte Du das Werk unserer Hände.

Herr, Du warst unsre Zuflucht von Geschlecht zu Geschlecht.
Ehe die Berge geboren wurden
und Erde und Festland in Wehen lagen,
bist Du, Gott, von Ewigkeit zu Ewigkeit.
Du lässt den Menschen zurückkehren in den Staub,

Du sprichst: »Kehrt zurück, ihr Menschenkinder!«
Denn tausend Jahre sind in Deinen Augen
wie der gestrige Tag, schon vorbei,
wie ein paar wache Stunden in der Nacht.
Du schwemmst sie fort, nur ein Schlaf ist ihr Dasein,
sie sind wie das Gras, das da wächst:
Am Morgen blüht es und wächst auf,
am Abend welkt es und ist verdorrt.

Ja, wir vergehen durch Deinen Zorn,
durch Deinen Groll werden wir verstört.
Du stellst Dir vor, was wir schuldig geblieben sind,
das, was wir verheimlichen wollen
vor dem Licht Deines Angesichts.
Ja, all unsre Tage enden in Deiner Empörung,
unsere Jahre entschwinden wie ein Seufzen.
Unsre Lebenszeit währt siebzig Jahre,
und sind wir rüstig, so werden es achtzig,
und was uns treibt, ist Arbeit und Sorge.
Ja, schnell ist's vorbei, und wir fliegen davon.
Wer begreift die Gewalt Deines Grimms
und wie Du zu fürchten bist in Deiner Empörung?
Unsere Tage zu zählen, das lehre uns,
damit wir ein Herz voll Weisheit erlangen.

Kehre um, EINER, Du, wie lang noch?
Hab doch Mitleid mit Deinen Knechten!
Am Morgen sättige uns mit Deiner Liebe,
damit wir lachen können und uns freuen all unsre Tage.
Erfreue uns so viele Tage, wie Du uns gebeugt hast,
so viele Jahre, wie wir Unglück sahen.
Sichtbar soll Dein Wirken Deinen Knechten werden
und Dein Leuchten über ihren Kindern!

Und des Herren, unsres Gottes, Freundlichkeit sei über uns,
und erhalte Du für uns das Werk unserer Hände,
ja, erhalte Du das Werk unserer Hände.

Ehre sei dem Vater und dem Sohn und dem Heiligen Geist,
wie im Anfang, so auch jetzt und alle Zeit.

Unsere Jahre entschwinden wie ein Seufzen,
erhalte Du das Werk unserer Hände.

Der Psalm 90 ist ein recht düsterer, fast schwermütiger Psalm, kein fröhliches Kelterlied, gerade darum spricht er mir manchmal aus dem Herzen, wenn es schwer ist. Und gerade im Blick auf die dunklen Farben, in denen die erste Hälfte dieses Psalms gemalt ist, möchte ich noch einmal daran erinnern, dass Gebete aus dem Menschenherz sprechen und nicht einfach angemessene Aussagen über Gott formulieren.

Zugeschrieben wird das Gebet im ersten Vers Mose, dem Gottesmann, und Mose ist in der biblischen Darstellung der, der das Gelobte Land wohl sieht, aber nie erreicht. Er ist damit Urbild der vielen großen Glaubenden, die trotz, ja wegen ihrer Nähe zu Gott auch die Nacht der Gottesverdunklung und die Unfassbarkeit der göttlichen Geheimnisse überdeutlich spürten, erlebten und erlitten. So liegt eine gewisse Wehmut über diesem Psalm, der mich im resignativen Ton der ersten Hälfte an das Buch Kohelet, den Prediger Salomo, erinnert, wobei der Psalm allerdings nicht in der Resignation stecken bleibt.

Nachdem der erste Vers noch sehr traditionell klingt, wird dann vom Beter Gott beschrieben als eine den Menschen völlig überfordernde Wirklichkeit. Und es sind zwei Erfahrungen, die einen ehrlichen Menschen die eigene Endlichkeit schmerzhaft spüren lassen: die Erfahrung der Zeit und der Vergänglichkeit angesichts der Ewigkeit Gottes, und die Erfahrung der eigenen Unvollkommenheit angesichts der Vollkommenheit Gottes. So führt uns der Psalm zu der skeptischen Selbsterkenntnis eigener Begrenztheit. Dass der Beter theologisch heute ganz und gar nicht mehr korrekt vom Zorn Gottes spricht, ist Ausdruck der ernsthaften Auseinandersetzung mit einer erschreckenden Wirklichkeit. Und wohl nur, weil dieses Erschrecken, dieser Gottesschrecken wahrgenommen und ausgehalten wird, ändert sich nun auch die Perspektive.

Im Vers 13 (»Kehre um, *EINER*, du, wie lange noch?«), wo das einzige Mal der Gottesname ausgerufen wird, kehrt der Beter sein Gottesbild um. Aus einer den endlichen Menschen unendlich überfordernden Prüfungsinstanz bricht für ihn eine ganz andere Gotteswirklichkeit hervor, ein wohlwollend-lebensfreundlicher guter Grund und Halt. Nicht in der Umkehr und Besserung des Menschen, sondern in der Umkehr Gottes, aufgeklärt gesagt: in der Umkehr unseres Gottesbildes liegt unsere Hoffnung. Da ist das Evangelium schon in diesem Psalm erkennbar, der auf den ersten Blick so »unchristlich«-bedrohlich wirkt. Mir jedoch weitet der 90. Psalm, wann immer ich ihn spreche, Herz und Sinn.

Psalm 23: Gott allein genügt

Bist Du bei mir,
so fehlt mir nichts.

EINER ist mein Hirt, also fehlt mir nichts.
Auf grünen Wiesen lässt Er mich lagern,
zu Wassern der Ruhe führt Er mich.
Die Seele bringt Er mir zurück;
Er leitet mich auf den richtigen Wegen,
um Seines Namens willen.

Muss ich auch gehen durch die Todschattenschlucht,
ich fürchte nichts Böses, Du bist ja bei mir.
Dein Stock, Deine Stütze – die machen mir Mut.

Du deckst mir den Tisch
vor den Augen derer, die mich bedrücken.
Du salbst mein Haupt mit Öl,
übervoll ist mein Becher.
Nur Glück und Liebe verfolgen mich nun
alle Tage meines Lebens,
und ich komm zurück zu des EINEN Haus,
solang meine Tage dauern.

Ehre sei dem Vater und dem Sohn und dem Heiligen Geist,
wie im Anfang, so auch jetzt und alle Zeit.

Bist Du bei mir,
so fehlt mir nichts.

Für viele Christen ist dieser Psalm der schönste und ihnen liebste. Ich konnte ihn jahrelang nicht beten, weil er mir zu schön, zu klag- und schmerzlos, zu wirklichkeitsfremd erschien. Heute spreche ich ihn gern, weil ich ihn nicht mehr verstehe als naiv-gutgläubige Weltbeschönigung, sondern als »Zuflucht noch hinter der Zuflucht«, wie Reiner Kunze ein Gedicht nannte, als Erinnerung einer nicht vordergründigen, sondern letzten Geborgenheit in allem Chaos, von der auch die Märchen erzählen. Nicht eine verlogene heile Welt wird hier ins Gebet genommen, sondern eine Welt, in der Gott das letzte Wort hat, und das ist ein gutes. Als Christ denke ich an den guten Hirten Jesus, der mit den ihm Anvertrauten und auf ihn Vertrauenden durch die Todschattenschlucht ging bis ins Licht.

Mein Nacht-Psalm

Während ich an jedem Morgen ein oder zwei unterschiedliche biblische Psalmen und Lieder spreche und mir erinnere, begleitet mich der immer gleiche Psalm aus dem Tag in die Nacht. So unterschiedlich die Tage sind, am Ende möchte ich, dass mein Herz zur Ruhe kommt. »*Credo*« heißt das katholische Glaubensbekenntnis auf Latein, »ich glaube an den einen Gott«, wird in den Kirchen gesprochen. »*Credere*« ist eine Kurzform von »*cor dare*«, sein Herz geben. »Ich gebe mein Herz in Einen, Gott«, könnte man den Beginn des Glaubensbekenntnisses auch übersetzen. Das möchte ich am Beginn jeder Nacht und Dunkelheit tun.

Psalm 139: Du kennst mein Herz

Du kennst mein Herz,
bei Dir bin ich geborgen.

Du, EINER, hast mich erforscht und Du kennst mich.
Du weißt um mein Sitzen, um mein Stehen,
von fern achtest Du auf meine Gedanken.
Ob ich gehe oder ruhe, Du hast es bemessen,
in all meinen Wegen bist Du bewandert.
Ja, kaum ist ein Wort auf meiner Zunge,
da kennst Du, EINER, es schon genau.
Hinten und vorne umschließt Du mich,
Du hast Deine Hand auf mich gelegt.

Zu wunderbar ist für mich dieses Wissen,
zu hoch, ich kann es nicht fassen.
Wohin soll ich gehen, weg von Deinem Geist,
wohin fliehen vor Deinem Gesicht?
Steig ich hinauf bis zum Himmel – dort bist Du,
bette ich mich in der Hölle – Du bist auch da.

Würd' ich die Flügel der Morgenröte erheben,
ließ' ich mich nieder am Ende des Meeres,
auch dort würde Deine Hand mich ergreifen,
würde Deine Rechte mich fassen.
Und sagte ich: »Finsternis – decke mich zu,
Nacht soll statt Licht sein um mich herum!« –
auch die Finsternis ist nicht finster für Dich,
die Nacht würde leuchten wie der Tag,
die Finsternis wäre wie Licht!

Ja, Du bist es, der meine Nieren geschaffen,
mich gewoben im Leib meiner Mutter.

Ich danke Dir für das erstaunliche Wunder,
als das ich geschaffen bin.
Voll Wunder sind Deine Werke, meine Seele erkennt das wohl.
Mein Kern war Dir nicht verborgen,
als ich gemacht wurde im Geheimen,
kunstvoll geflochten in den Erdentiefen.
Deine Augen sahen mein Werden,
in Deinem Buch standen sie alle geschrieben,
die Tage, die für mich gebildet sind,
eh' auch nur einer von ihnen da war.

Doch wie schwer sind Deine Gedanken, o Gott, für mich,
wie gewaltig ist ihre volle Zahl!
Wollt' ich sie zählen, es wären mehr als der Sand,
– und am Ende wär ich noch immer bei dir!

Erforsche mich, Gott, und erkenne mein Herz!
Prüfe mich und erkenne mein Denken!
Sieh, ob ich auf dem Weg des Verderbens bin,
und führe mich auf dem Weg der Ewigkeit.

Ehre sei dem Vater und dem Sohn und dem Heiligen Geist,
wie im Anfang, so auch jetzt und alle Zeit.

Du kennst mein Herz,
bei Dir bin ich geborgen.

Luther – das zeigt auch seine Übersetzung – hat die hier besungene, alles umfassende und immer nahe Wirklichkeit Gottes geradezu als bedrohlich empfunden, aus Martin Bubers Übersetzung dagegen spricht die Erfahrung der Geborgenheit.

Nicht, dass wir Menschen Gott erkennen, ist Ziel und Grund der Hoffnung, vielmehr erinnert der Beter sich daran, dass Gott ihn schon längst erkannt hat. Und an allen uns noch so fernen Enden der Wirklichkeit, im Osten, wo sich die Morgenröte zeigt, am äußersten Westmeer, wo der Tag endet, im Himmel oben und in der Hölle unten – überall ist Gott da und nah. Und selbst was uns Finsternis ist, ist ihm und in ihm Licht.

Aber wie im Psalm 8 führt auch hier die Einsicht in die Größe und Allgegenwart Gottes nicht dazu, dass sich der Beter in den Staub wirft, sondern er begreift sich als Wunder, als Kunstwerk des wohlwollenden Schöpfers, der einen Plan mit jedem von uns hat – einen Plan, der freilich unsere Gedanken, unser Fassungsvermögen, unsere Vorstellungskraft weit übersteigt.

Ich bete die Verse, die im Original dem oben zitierten Text noch folgen, nicht mit; in ihnen bricht sich der Zorn des Betenden über die, die diesem Kunstwerk Leben feindlich gegenüber stehen, Bahn. Menschlich kann ich ihn verstehen, theologisch diesen Protestschrei reflektieren, sogar rechtfertigen, aber ich habe gemerkt, dass ich sie als Christ nicht aus dem Herzen beten kann. So endet der Psalm mit der Bitte um den wohlwollend-prüfenden Blick Gottes auf mein Herz und Leben und auf seine Hilfe, den Weg zu gehen, der endgültig zum Ziel führt.

Neutestamentliche Christus-Lieder

Auch das Neue Testament kennt Glaubenslieder. Aber während die Psalmen eher grundlegende Lebenserfahrungen mit dem Glauben an den einen guten Gott Israels verbinden, sind die neutestamentlichen Lieder erfüllt von Christusbegeisterung, von der Grunderfahrung der jungen Kirche. Uns Heutigen, die wir meist dem christlichen Glauben fremd geworden sind oder mit ihm bis zur Alltäglichkeit vertraut, ist diese Erfahrung nicht so leicht zugänglich. Aber es tut gut, betend auch ausdrücklich in den Christusglauben einzustimmen. Darum hier einige Beispiele – in einer eigenen Übersetzung – mit wiederum kurzen Hinweisen zum möglichen Verstehen.

Das »Benedictus« (Lukas 1,68 ff.):

Sei hier zugegen, Licht unsres Lebens,
sei hier zugegen, hell wie ein Feuer.

oder:
Jesus Christus, Du unser Herr,
Du hast die Macht des Todes gebrochen,
Du hast uns das Licht des Lebens gebracht,
im Namen Gottes uns freigesprochen.

Gesegnet sei der Herr, Israels Gott,
denn Er hat uns aufgesucht
und hat Erlösung Seinem Volk bewirkt.
Und Er hat für uns ein Rettungszeichen aufgerichtet
im Hause seines Knechtes David,
wie Er seit Urzeiten gesprochen hat
durch Seiner heiligen Propheten Mund:
dass Er uns retten wird vor unseren Feinden
und aus den Händen aller, die uns hassen.

Ein Herz hat Er nicht nur für unsre Väter,
und Er erinnert sich an Seinen heilgen Bund,
den Eid, den Er dem Abraham geschworen, unserm Vater.
Er wird uns schenken, dass wir,
aus der Feinde Hand entrissen,
ohne Furcht Ihm dienen
in Heiligkeit und in Gerechtigkeit
vor Seinem Angesicht all unsere Tage.
Und du, Kind: Dich wird man Prophet des Höchsten rufen.
Denn du wirst vor dem Herrn voranziehen,
Seine Wege abzustecken.
Schenken wirst du Seinem Volk die rettende Erfahrung:
Ihre Sünden sind erlassen
durch die tiefempfundene Anteilnahme unsres Gottes,
die sucht uns auf wie Morgenlicht aus Höhen,
um denen aufzuleuchten,
die in Finsternis und Todesschatten sitzen,
und unsre Schritte hinzulenken auf den Weg des Friedens.

Ehre sei dem Vater und dem Sohn und dem Heiligen Geist,
wie im Anfang, so auch jetzt und alle Zeit.

Jesus Christus, Du unser Herr,
Du hast die Macht des Todes gebrochen,
Du hast uns das Licht des Lebens gebracht,
im Namen Gottes uns freigesprochen.

Das »*Benedictus*« ist das klassische Morgengebet der Kirche und wird in jeder »*Laudes*«, dem morgendlichen Stundengebet, gesungen oder gesprochen. Wem es wie mir Freude macht und Halt gibt, sich bewusst in eine Zeit und Raum umfassende Tradition und Gemeinschaft einzufinden, dem kann man nur raten, sich dieses Gebet zu eigen zu machen.

Das Lukasevangelium legt es dem Zacharias in den Mund, dem Vater Johannes des Täufers, als dieser endlich aus langem Verstummen wieder zur Sprache kommt. Das angesagte Rettungszeichen, das Zeichen der bleibenden Teilnahme Gottes an seinen Menschen ist Christus, in dem Gott die Menschheit annimmt. Das angesprochene Kind, über dem Segen, Verheißung und Auftrag ausgerufen werden, ist nicht nur Johannes, der »Vorläufer«, es ist jeder Christenmensch, der mit seinen begrenzten Möglichkeiten zugleich in der Nachfolge, in den Spuren Jesu lebt und seinen Weg zu den Menschen heute bereitet. Und die rettende Erfahrung, die wir als uns geschenkte weiterschenken dürfen, ist die Vergebung der Sünden. Dabei geht es nicht um eine rituelle Lossprechung von Verstößen gegen kirchliche Regeln. Sünde ist – wie im Psalm 90 ausgemalt –, was uns von Gott, voneinander, von uns selbst absondert und entfremdet, nicht nur und nicht einmal zuerst moralisches Fehlverhalten, sondern existenzielles Ungenügen, erfahrene Endlichkeit und Unvollkommenheit. Und Vergebung heißt: Als endlicher Mensch bin ich unendlich angenommen, als unvollkommener Mensch vollkommen gewollt, vor jeder Leistung, trotz und mit aller Schuld. Das ist wirklich ein Lichtblick am Beginn jedes Tages.

Das »Magnificat« (Lukas 1,46–55):

Danket dem Herr, denn er ist gut,
machtvoll hat Er sich kundgetan.

Groß macht meine Seele den Herrn,
und es jubelt mein Geist über Gott, meinen Retter,
denn er hat gesehen, wie Seine Magd erniedrigt war.
Doch sieh! Von nun an nennen mich gesegnet alle Geschlechter!
Denn Großes hat an mir getan Er, der die Macht hat,
und heilig ist Sein Name.

Und Er hat ein Herz für die, die Ihn fürchten
von Geschlecht zu Geschlecht.
Er wirkt Gewalt mit Seinem Arm,
zerstreut, die überheblich sind in ihrem Herzen,
holt Machthaber von ihrem Thron
und schaut auf die Erniedrigten.
Hungernde hat Er erfüllt mit Gutem,
und Reiche lässt Er leer ausgehen.
Er kümmert sich um Israel, um seinen Knecht,
erinnert sich, dass Sein Herz uns gehört.
So wie Er's unsern Vätern zugesagt hat,
Abraham und was aus ihm hervorgegangen durch die Zeit.

Ehre sei dem Vater und dem Sohn und dem Heiligen Geist,
wie im Anfang so auch jetzt und alle Zeit.

Danket dem Herr, denn er ist gut,
machtvoll hat Er sich kundgetan.

So wie das »*Benedictus*« als fester Bestandteil zur »*Laudes*«, zum Morgengebet der Kirche gehört, so das »*Magnificat*«zur »*Vesper*« am späten Nachmittag, mit der zwar noch nicht der Tag, aber das Tagewerk, die Arbeit des Tages, endete.

Auch dieses Gebet entstammt dem Lukasevangelium und ist wie das »*Benedictus*« voll von alttestamentlichen Sprachbildern und Gedanken. Lukas legt es der schwangeren Maria in den Mund, die ihre Cousine Elisabeth besucht. In der lukanischen Vor- und Weihnachtsgeschichte verkörpert Maria die junge Kirche und das Wunder, das unerwartet in ihr aufbricht.

»Meine Seele preist die Größe des Herrn«, so lautet die Zeile in der sogenannten Einheitsübersetzung. »*Magnificat anima mea dominum*«, heißt es auf Latein, »*meine Seele macht den Herrn groß*!« Gebete sprechen aus dem Menschenherz,

Entgegen landläufiger Meinung ist die **Einheitsübersetzung** *keine Textversion der Bibel, die – wie der Name nahelegt – in gemeinsamer Zusammenarbeit christlicher Konfessionen erstellt wurde und von allen gleichermaßen anerkannt ist. Es handelt sich hierbei um eine Übersetzung, die eher im katholischen Bereich verwendet wird, wohingegen für die evangelische Kirche die* **revidierte Fassung der Lutherbibel** *bestimmend bleibt. Diese Übersetzung wurde 1984 nach jahrelangen Diskussionen über den genauen Wortlaut vom Rat der Evangelischen Kirche in Deutschland für den Gebrauch und den Gottesdienst »approbiert«.*

und so wie eine bestimmte Art von Religiosität Gott – oder genauer: unser Bild von Gott – klein machen kann, kleiner als jeden liebenden Menschen, so kann unsere Seele, wenn sie sich weitet, auch Gott in uns groß werden lassen. Die Maßstäbe der herrschenden Wirklichkeit gelten nicht unwidersprochen und endgültig. Wo Gott in uns groß wird, wird manche der üblichen Größen ziemlich klein.

Der Hymnus aus dem Philipperbrief (2,5–10):

Das habt unter euch im Sinn,
was auch im Sinn des Christus Jesus:

Er – im Dasein Gottes lebend –
hielt nicht gierig daran fest, Gott gleich zu sein.
Nein: Sich selbst hat er ganz aufgegeben,
eines Knechtes Dasein nimmt er an;
gleich so wie die Menschen sind ist er geworden,
und im Äußeren erschien er wie ein Mensch.
Er erniedrigte sich selbst,
er war gehorsam bis zum Tod,
ja bis zum Tod am Kreuz.

Darum hat Gott ihn auch so sehr erhöht
und ihm den Namen zum Geschenk gemacht,
der über allen Namen ist,
damit im Namen Jesu jedes Knie sich beuge
– der im Himmel und auf Erden und der Unterirdischen –,
und jede Zunge frei heraus bekenne:
Herr ist Jesus Christus,
dass zum Leuchten komme Gott, der Vater.

Ehre sei dem Vater und dem Sohn und dem Heiligen Geist,
wie im Anfang so auch jetzt und alle Zeit.

Das habt unter euch im Sinn,
was auch im Sinn des Christus Jesus:

Der Philipperhymnus ist nun wirklich ein ausdrückliches Christuslied, ein sehr altes dazu, schon Paulus hat es vorgefunden und – um die nochmalige Betonung des Kreuzes ergänzt und mit einem guten Vorsatz versehen – übernommen und weitergegeben.

Geschichten von Gottessöhnen, die in die Welt kommen und über die Erde wandeln, hat man lange vor Jesus erzählt. Aber diese Gottessöhne waren Lichtgestalten, die der Schmutz und Staub der Erde nicht berührte – wie Echnaton – oder Helden in großen kosmischen Dramen, Kämpfer gegen Ungeheuer und Liebhaber der Erdgöttin. Dieser Gottessohn jedoch steigt ins Elend, geht gehorsam den Weg der Liebe bis zum bösen Ende am Galgen, denn das Kreuz hatte nichts Heroisches, es war ein elender, langsamer Erstickungstod, und wer gekreuzigt wurde, der wurde nicht einfach aus dem Weg geräumt und hingerichtet, sondern jeder Würde beraubt, verwandelt in ein hilflos zuckendes Stück Fleisch.

Aber, schärft Paulus ein, um jedes schöne Missverständnis zu vermeiden, gerade dieser Weg der »Entäußerung«, der freiwilligen Aufgabe von Macht und Größe und Glanz ist der Weg Jesu – und es ist der Weg, den Gott gegangen ist. Darum gibt Gott diesem armen gehorsamen Jesus den Namen, *»der über allen Namen ist«*.

Paulus erinnert uns nicht nur daran, wie tief die menschgewordene Liebe Gottes ein für allemal herabgestiegen ist, er nimmt uns mit hinein in diese »Karriere nach unten«: *»Das habt unter euch im Sinn.«*

Ich schätze diesen uralten Hymnus sehr. Er fordert mich nicht auf, durch Leiden Pluspunkte im Himmel zu sammeln. Er fragt mich, ob ich schon wieder hineingeraten bin in die Logik des Sündenfalls, dass ich nämlich meine, um sein zu dürfen, müsse ich sein wie Gott, immer perfekt, erfolgreich, der Beste. Oder ob ich ab und an die Logik der Turmbauer von Babel lassen kann, die sich durch Größenwahn einen Namen machen wollten und stattdessen im Namen Jesu das Knie beuge als einer der adligen Diener Gottes und des Lebens.

Der »Kolosserhymnus« (Kolosser 1,12–20):

Er ist der Erstgeborene der ganzen Schöpfung,
in Ihm ist unser Frieden.

Mit Freude dankt dem Vater,
der euch befähigte, sodass ihr Anteil habt am Los der Heiligen
im Licht.
Entrissen hat Er uns der Macht der Finsternis
und aufgenommen in das Reich des Sohnes Seiner Liebe.
Durch den sind wir erlöst:
Die Sünden sind erlassen.

Er ist das Abbild Gottes, den keiner sehen kann,
der Erstgeborene der ganzen Schöpfung.
Denn in ihm wurde erschaffen all das, was da ist:

Sei's in den Himmeln, sei es auf der Erde,
was einsehbar ist und was uneinsehbar bleibt:
Was über allem thront, was alle Welt beherrscht,
was allem Grund gibt, was sich in allem machtvoll
auswirkt
– all das, durch ihn und auf ihn hin ist es erschaffen.
Und er ist vor all dem, was ist,
und all das hat in ihm Bestand.

Und: Er ist das Haupt des Leibes, der die Kirche ist.
Er ist der Anfang, der Erstgeborene aus den Toten,
so wird er in allem der Erste.
Denn Gott wollte voll und ganz in ihm wohnen
und wollte durch ihn versöhnen all das, was ist,
wollte Frieden schaffen durchs Blut seines Kreuzes
– sei's auf der Erde, sei's in den Himmeln.

Ehre sei dem Vater und dem Sohn und dem Heiligen Geist,
wie im Anfang so auch jetzt und alle Zeit.

Er ist der Erstgeborene der ganzen Schöpfung,
in Ihm ist unser Frieden.

Der Kolosserhymnus, der wohl in einer von Paulus gegründeten Gemeinde gegen Ende des ersten Jahrhunderts gedichtet wurde, ist voll von Vorstellungen jener Epoche, die man auch hellenistisch nennt und in der sich griechische Philosophie und orientalische Fantasie vermischten. Das Ganze ist zunächst sicher weit entfernt vom nüchternen Denken der Neuzeit und aufgeklärten Verstehen des Christentums. Aber vielleicht spricht dieser Hymnus doch zu mir, wenn ich ihn als religiöse Lyrik begreife, die die Bildersprache ihrer Zeit aufgreift und manchmal vielleicht bis in jene seelischen Tiefenschichten reicht, wo auch wir heutigen Menschen noch berührt werden, wie im Traum, wie durch Märchen.

Freude und Licht werden am Anfang heraufbeschworen – wie schön, wo heute in den Kirchen so viel Verdrossenheit und Schwarzseherei zu finden ist. Wir sind der Finsternis entrissen! Sind erlöst! Die Sünde, die Trennung ist von Gott überwunden. Ich muss weder vor mir noch vor anderen oder gar vor der unendlichen Instanz Gottes rechtfertigen, dass es mich gibt.

In Jesus, dem Abbild des unsichtbaren, besser: des uneinsehbaren Gottes ist das für uns sichtbar geworden. Er ist der Prototyp der Schöpfung, sein Leben ist die »Weltformel«.

Natürlich weiß auch der Verfasser des Kolosserhymnus, dass die Welt nicht heil ist, dass gefährliche Kräfte und dunkle Mächte am Werk sind, manchmal sichtbarer und immer spektakulärer als die Wirklichkeit von Liebe und Zuneigung. *»Throne und Herrschaften, Mächte und Gewalten«* lautet die gängige Übersetzung dieser Weltmächte. Die Exegeten schreiben meist, damit seien Engelmächte gemeint, aber damals wie heute gibt es Kräfte in der Welt, die das Leben zu beherrschen scheinen: Chemie und Evolution, Sexualität und Aggression, Markt und Medien. Der Hymnus leugnet diese Mächte nicht, aber er dämonisiert sie auch nicht. Mit unglaublicher Zuversicht behauptet er, all diese Gesetze, Strukturen und Mechanismen seien eingebunden in die Weltformel Gottes, die Jesus uns vorgelebt hat. Ist die Evolution nicht ein größeres Wunder als eine statische Schöpfung? Entspricht ihr Wegcharakter nicht dem Unterwegssein Gottes mit uns? Ist Aggression nicht auch – bei all ihrer zerstörerischen Wirkung, wenn sie entfesselt und ungezähmt ausbricht – die wunderbare Fähigkeit, Neues in Angriff zu nehmen? Ist der Markt bei allem Missbrauch, den auch Christen bekämpfen müssen, nicht zugleich auch ein Raum der Freiheit?

Nicht blauäugig, aber zuversichtlich blickt der Hymnus in die Welt – und auf die Kirche. Hier treten Menschen aus dem Schatten des Todes, aus dem Bann des großen Sterbens. Dass einer sich in Freiheit aufgab, um sich und seiner Berufung treu zu bleiben, das ist der Beginn der großen Versöhnung: Weil Jesus die Brücke vom Himmel zur Erde gebaut hat, wagen wir Brücken zu bauen von Mensch zu Mensch.

Natürlich ist das ein Hymnus, keine Analyse des Ist-Zustandes von Welt und Kirche. Aber wir brauchen Märchen, Geschichten und Lieder, die uns manchmal mitnehmen über den Horizont – und die, wenn sie uns ermutigen, den Kopf und den Blick zu heben, schon so unseren Horizont weiten.

Die Ouvertüre (der Prolog) des Johannesevangeliums:

Das wahre Licht, das jedem Menschen leuchtet,
ist in die Welt gekommen.

In allem Anfang war Das Wort,
und Das Wort war auf dem Weg zu Gott,
und von Gottes Art war Das Wort.

In allem Anfang war es auf dem Weg zu Gott.
Alles ist dadurch geworden,
und ohne dies wurde auch nichts, was geworden ist.
In Ihm war Leben.
Und das Leben war das Licht der Menschen.
Und das Licht scheint auf in der Finsternis.
Und die Finsternis hat es nicht erfasst.

Das wahre Licht, das jedem Menschen leuchtet,
ist in die Welt gekommen.
In der Welt war Er,
und die Welt ist durch Ihn geworden

und die Welt hat Ihn nicht erkannt.
In das, was Sein eigen ist, ist Er gekommen
– und die Eigenen nahmen ihn nicht auf.

Doch all die, die Ihn aufgenommen,
die hat Er ermächtigt, Kinder Gottes zu werden:
die, die an Seinen Namen glauben,
die nicht aus Blut
und nicht aus des Fleisches Willen
und nicht aus des Mannes Willen,
sondern aus Gott gezeugt sind.

Und Das Wort ist Fleisch geworden,
und hat sein Zelt bei uns aufgeschlagen.
Und wir haben sein Leuchten gesehen,
Leuchten als des Einen, der vom Vater stammt,
voll Gnade und Wahrheit.

Ehre sei dem Vater und dem Sohn und dem Heiligen Geist,
wie im Anfang so auch jetzt und alle Zeit.

Das wahre Licht, das jedem Menschen leuchtet,
ist in die Welt gekommen.

Diese feierlich-geheimnisvolle Verdichtung des ganzen Evangeliums ist mir einer der wichtigsten Texte der Bibel. Wer diesen Hymnus mit Staunen und Verständnis betet, kann sich das Gottesgeheimnis der Christen erinnern.

Mir scheint allerdings, dass die gängige Übersetzung unser Verstehen nicht begünstigt: »Im Anfang war das Wort«. Der Anfang ist nicht einfach der zeitliche Beginn, sondern der Grund, und das ist ein Unterschied, so wie der Grund einer Ehe nicht das Gleiche ist wie der Beginn mit der Eheschließung,

»Und Das Wort ist Fleisch geworden, und hat sein Zelt bei uns aufgeschlagen. Und wir haben sein Leuchten gesehen.« (Johannes 1,14)

auch wenn man beim Beginn hoffentlich den Grund gefeiert hat. Ich übersetze darum »in allem Anfang«, denn Gott, für den es, wie die Mystiker sagen, nicht gestern und morgen gibt, ist der immer Anfangende. Und das griechische *»Logos«*, »Wort«, ist ja nicht nur eines von vielen Wörtern, sondern DAS WORT, durch das die Welt ins Leben gerufen ist und immer neu ins Leben gerufen wird. Uns wird nicht gesagt, wie dieses Wort, das dann in Jesus Gestalt annimmt, lautet, aber ich glaube, es lautet »Ja«, oder vielleicht auch »Werde« oder besser noch »Sei«.

Dieses Wort war »bei Gott«, wird übersetzt. *»Pros ton Theon«*, heißt es im Griechischen. Nun ist das Wort »bei« im Deutschen aber ein eher statisches Wort: Wer bei mir sitzt, bewegt sich nicht. Das griechische *»pros«* ist aber ein Wort, das eher eine Bewegung meint. Ein solches »bewegtes Bei« hörte ich noch in meiner Kindheit im Ruhrgebiet: »Komm bei mich bei«, sagte die freundliche Witwe, die meiner Mutter beim Hausputz half, oft zu mir. So thront das Wort, das Gott spricht, nicht statisch an seiner Seite, sondern geäußert, ausgesprochen, in die Welt gesandt ist es doch immer auf dem Weg zurück zu Gott.

Doch auf diesem Weg »zurück zum Vater« ist das Wort Licht und Leben – wenn wir es aufnehmen. Aber seltsam, gerade die Eigenen nehmen das menschgewordene Wort nicht auf. Die Volksfrömmigkeit hat diese Wahrheit in das weihnachtliche Spiel von der Herbergssuche übersetzt. Das ist keineswegs nur eine Aussage über die jüdische Skepsis gegenüber dem Juden Jesus. Auch Christen sind immer in Gefahr, gerade das, was sie so gut zu kennen meinen, nicht mehr zu verstehen, nicht in sich aufzunehmen. Doch wer ihn, das Wort, bei sich wohnen lässt, der wird zum Königskind.

Und das sind, wie Johannes mit seiner so poetischen wie dunklen Sprache mehr andeutet als ausführt, freilich nur die, *»die nicht aus Blut und nicht aus des Fleisches Willen und nicht aus des Mannes Willen, sondern aus Gott gezeugt sind«*. Wir können das für uns so übersetzen: Wir werden Gott, dem Glück, dem sinnvollen Leben, nicht nahekommen durch vergossenes (Opfer-)Blut, durch Opfer und Geschenke, auch nicht durch den Willen des Fleisches, durch »fleischliche Genüsse«, wie man das früher nannte, wir würden wohl sagen: durch blanken Konsum und auch nicht durch den Willen des Mannes, des Machers und Herren, nicht durch Leistung und eigene Tüchtigkeit. Wir müssen uns unser Dasein schenken lassen, uns selbst und unser Leben annehmen als ein Geschenk, eine Gabe und Begabung. Wer glaubt und weiß, dass wir von Gott aus Liebe angenommen sind und unsere Existenz nicht mehr aus dem Selbstbehauptungswillen des Mannes zu rechtfertigen sucht, der ist darum »jungfräulich« geboren.

Das Wort ist Fleisch geworden, Mensch, Lebensgeschichte, und hat bei uns sein Zelt aufgeschlagen, wie es im griechischen Text heißt. Hier steht dann im Griechischen auch nicht mehr das Wort *»pros«*, sondern *»en«*. Das bedeutet sowohl »bei« als auch »in«. Das Zelt Gottes auf Erden. Als Bild für die mitgehende Gegenwart Gottes finden wir dieses Zelt schon in den alttestamentlichen Erzählungen vom Auszug Israels aus Ägypten und von der Wüstenwanderung. Für Johannes ist dieses Zelt die sicht- und begreifbare Gestalt und Lebensgeschichte Jesu. Aber das Wort hat und will keinen festen Wohnsitz, keinen Tempel, das Zelt ist beweglich und veränderlich. Und wir sind mit ihm, dem Wort, Nomaden Gottes wie Abraham. Wir kommen aus Gott und kehren heim, wenn wir dem Wort folgen. Denn wir haben sein Leuchten gesehen – und dieses Licht wird über uns bleiben und in uns. Sich daran zu erinnern, ist für mich Sinn all unseres Betens!

»Mit anderen Worten« – Literaturhinweise und Internetseiten zum Weiterlesen

Arndt Büssing: Gesungene Gebete, geflüsterte Worte. Meditieren mit Psalmen, Ostfildern 2010

Communauté de Taizé: Höre die Stimme meines Herzens, Freiburg im Breisgau 2010

Angelika Daiker/Anton Seeberger: Wortbrüche. Klagegebete für Trauernde, Ostfildern 2011

Siegfried Eckert: Gott in den Ohren liegen, Kreuz Verlag, Stuttgart 2008

Anselm Grün: Gebet als Begegnung. Münsterschwarzach 2001

Gundula Kühneweg (Hg.): Herders Großes Buch der Gebete, Freiburg im Breisgau 2009

Antje Sabine Naegeli: Du hast mein Dunkel geteilt. Gebete an unerträglichen Tagen, Freiburg im Breisgau, 7. Aufl. 2011

Joseph Ratzinger/Benedikt XVI.: Das Vaterunser. Meditationen, Freiburg im Breisgau 2008

Jörg Zink: Wie wir beten können, Stuttgart 2008

Beten im »Netz«

Die folgenden Seiten verstehen sich teils als Gebetssammlungen, teils als »Hilfestellung«, das Beten (wieder) zu lernen oder aufzunehmen.

www.beten-online.de
www.einfach-beten.de
www.wie-kann-ich-beten.de
www.ekd.de/glauben/gebete/index.html
www.mit-beten.net/